第八届世界硒都（恩施）硒产品博览交易会暨硒科技创新发展大会

WORLD SELENIUM ENSHI 2023 SE 8

AND TECHNOLOGICAL INNOVATION AND DEVELOPMENT

中国硒产业发展指数（SeI）研究报告（2022）

恩施土家族苗族自治州人民政府　编

中国农业出版社

北　京

图书在版编目（CIP）数据

中国硒产业发展指数（SeI）研究报告. 2022 / 恩施土家族苗族自治州人民政府编. —北京：中国农业出版社，2023.9

ISBN 978-7-109-31157-2

Ⅰ.①中…　Ⅱ.①恩…　Ⅲ.①硒－产业发展－指数－研究报告－恩施土家族苗族自治州－2022　Ⅳ.①F426.1

中国国家版本馆 CIP 数据核字（2023）第 182780 号

中国农业出版社出版

地址：北京市朝阳区麦子店街 18 号楼

邮编：100125

责任编辑：赵　刚

版式设计：王　晨　　责任校对：吴丽婷

印刷：北京通州皇家印刷厂

版次：2023 年 9 月第 1 版

印次：2023 年 9 月北京第 1 次印刷

发行：新华书店北京发行所

开本：880mm×1230mm　1/32

印张：4

字数：73 千字

定价：36.80 元

《中国硒产业发展指数（SeI）研究报告（2022）》
著作审定委员会

主　任：杨盛僚

副主任：王继刚

委　员（按姓名笔画排序）：

丁代波　王　闯　王　波　王学东

田代华　田贵周　田真明　朱先忠

杨　频　杨局成　杨祖旺　沈艳芬

邵爱华　范　涌　易善翔　胡　铭

胡会清　侯　斌　覃遵国　薛　华

《中国硒产业发展指数（SeI）研究报告（2022）》
著作编写委员会

主　　著： 程水源

副 主 著： 金卫斌　田真明　黄　刚　程威特

编写人员（按姓名笔画排序）：

王　方　王飞飞　王月慧　王加庆　王华尧
王建秀　王璋倩　方　顺　卢永春　丛　欣
朱云芬　刘　兵　刘　涛　刘　瑛　刘　瑾
刘玉兰　刘志杰　刘宏辉　刘晓梦　许　华
许　锋　李　丽　李　翠　李书艺　李红军
李康乐　李琳玲　李新华　杨　伟　杨　俊
吴承龙　何　旺　何　毅　何礼新　何江玲
何静仁　邹建华　沈蜀华　张　娜　张　瑞
张　蕾　张绍鹏　张威威　陈　旭　陈　涛
陈　慧　陈小玲　罗　琼　周娇娇　周雪梅
胡依黎　胡俊来　查三省　饶　申　祝振洲
徐　杰　徐家彦　高　超　龚　珏　董星星
董静洲　程　华　程碧军　储　震　曾绍菊
谢　文　谢　芳　蔡　杰　谭建华　熊　银
魏　凯

前　言

一年一度的硒博会又要在世界硒都如期开幕了。前三年新冠肺炎疫情（以下简称“新冠疫情”）防控期间，尽管我们克服重重困难举办了硒博会，也取得了不俗的成果，但其内容、影响与效果无疑是大打折扣的，因此本届硒博会备受关注与期待。同时，今年也是恩施土家族苗族自治州建州四十周年。刚经过建州庆典洗礼的恩施人民也急需用一场产业发展盛会来展示恩施新时代发展的无限精彩。因此，本届硒博会必定亮点纷呈、意义非凡。

前几年我讲过，世界硒都（恩施）硒博会是恩施的，是湖北的，更是中国的、世界的！这不仅仅是从资源禀赋、产业发展、展会规模、举办水平等方面的考量，更是一种恩施模式的打造与固化，这种贡献肯定是属于世界级的！

我将围绕世界级的硒产业发展贡献，来专门谈谈硒指数的过去与未来。

2015 年恩施硒产业发展的状况与水平。当年，我们首次发布了恩施硒产业发展白皮书，在彰显其严肃性与权威性的同时，更多的是展示恩施区域的硒产业风采，发挥抛砖引玉的作用，为全国其他硒产业发展地区提供范式。这项工作一做就是四年，但我们深知其局限性，比如，无法与其他地区横向科学比较，对全国其他地方的指导意义有限，当然也就不能反映全国硒产业发展的真实水平了。如若继续，路在何方？

后来由于新冠疫情等原因，硒博会停办两届。正如：千磨万击还坚劲，任尔东西南北风。2021 年，在新冠疫情仍然肆虐全球的时候，恩施以前无古人的勇气与担当，决定召开第六届硒博会。为了反映前两年硒产业发展的真实水平，我们决定用《恩施州硒产业发展报告（2019—2020）》来代替原先的白皮书。为了回答疫情后硒产业如何走、怎么走、走向哪里的问题，我们加入硒产业发展展望等内容来统一认识、规划目标。具有里程碑意义的是，在这个报告里我们首次创造性地提出了中国硒产业发展恩施指数，并对指数的本质内涵、统计指标、数据收集与整理、计算方法、预测评判、咨询建议等进行了规范与标准式解读，第一次用定量化的方式科学比较不同维度的相同类型与不同类型的指标变化，给硒产业发展提供科学的行动方案。应该说，此举对恩施硒产业发展的现状、水平、生态位有了清晰的认识，对产业发展质量作出了客观公正的评价。

2022 年，在第七届硒博会上，我们正式推出了中国硒产业发展指数（简称中国硒指数），在硒产业发展统计方面实现了三项突破：一是突破范围，将研究范围扩大到恩施州以外，即选择了全国硒产业发展较好的其他5个地级市（州、区）、7个县市区；二是分层比较，即把恩施州与其他5个地（市、州），恩施州的8县市与全国其他7个县市区分别进行指数比较、排位与发展质量评价；三是统计规范，即按照统计指标一致可比、统计方法基本统一、统计口径各自定义的原则，提出了一个适用于全国不同发展水平的硒产业地区的统计工作方案，使得这样一个统计体系既能为各地所认可、可操作，又能纳入全国统一的核算体系，满足中国硒指数的基本要求。与之对应的是产生了三大意义：全国范围、分类指导、统计可比。中国硒指数的发布更深层次的意义在于对区域合作、产业规划、科研科普有了直接的作用，为硒产业最终上升为国家战略提供了基本遵循。

苟日新，日日新，又日新。事物的发展总是与时俱进的，今年的第八届硒博会仍然沿用了中国硒产业发展指数的概念与做法，但又有新的三点变化与改进：一是增加了从省级层面的比较维度；二是突出了对各地资源与产业发展特色的表述；三是进一步扩大了研究区域覆盖的范围。相比上年，今年的数据收集工作启动得更早，更大程度地扩充了数据征集群，在更广范围对数据提供规范达成了共识，更好地保证了中国硒产业发展指数的时效性和权威性。这份答卷是否合格，敬请各位加以评判。探讨有效的数据甄别方法，加强数据运用的科学性，不断改进现有指数体系，以期更好地反映我国硒产业发展的整体进展和不同地区发展的情况，这是我们始终坚持的基本原则。

“说硒话，谋硒事，图硒景，做硒人”已成为硒产业发展地区和硒产业工作者的共识，必将固化成硒事业发展的精神文化追求。中国硒产业发展指数作为其中的典型代表，需要在三个方面全力而为。一是科学性，需要在建立全国高度认可，又能反映硒产业发展真实水平的统计口径与方法上下工夫；二是权威性，在建立科学统计方法的基础上，需要有更多的专家、企业家、管理者加入，贡献更多的智慧；三是应用性，发布中国硒产业发展指数不是最终目的，更要在应用上为硒产业发展服务，不断对标、不断修正、不断完善，使之成为硒产业发展的风向标，成为硒资源转化为硒产业的标准！

与其说每年中国硒产业发展指数的发布是一项任务、一份契约、一种责任，倒不如说更是一项追求、一份情怀、一种态度！

硒指数如天，仰望为北斗；硒产业如山，攀登无止境；硒事业如水，润物细无声。天山水一体，应是硒元素在宇宙存在之要义。

程水源

2023 年 7 月 30 日

目　　录

第一章　中国硒产业发展指数（SeI）编制过程与方法

在 2022 年第七届世界硒都恩施硒博会上，我们以在全国硒产业发展较好的 6 个地市（州）、7 个县（市、区）及恩施州 8 个县（市）为样本，通过收集各地硒产业发展的产值、研发投入、品牌价值等统计数据，以 2020 年为基期、2021 年为报告期，计算出各地的硒产业统计指标的动态指数，发布了《中国硒产业发展指数（SeI）研究报告（2021）》，客观比较各硒产业发展地区的纵横向水平，为各地硒产业高质量发展提供咨询建议，受到广泛关注和鼓励。值此第八届恩施硒博会召开之际，我们本着“不忘初心，砥砺前行，年复一年，久久为功”的宗旨，继续编制发布《中国硒产业发展指数（SeI）研究报告（2022）》。回顾国内主要硒产业地区在 2022 年取得的主要进展，定量评估各地硒产业规模、质量的发展动态，以进一步贯彻落实习近平总书记对硒产业发展的多次重要指示，努力推进硒资源转化为富硒产业，推动硒产业上升为国家战略。

第一节　中国硒产业发展概述

由于硒元素在自然界中的分布极不均匀，导致全球多地人群硒摄入不足的现象十分普遍。我国 2015 年营养普查数据表明，居民日均摄入硒约为 44 微克/天，低于中国营养学会推荐的日均摄入 60 微克/天的正常需求量。随着人民群众生活水平的提高和对身体健康的关注，硒的重要作用越来越被重视。尤其是新冠疫情暴发以后，多项研究揭示新冠肺炎病毒高传染性和高隐蔽性的传播特征，研究也证明了抵御新冠肺炎病毒攻击最好的武器就是提高自身免疫力，其中合理营养是免疫基石。硒是人体内许多酶的组成部分，参与多种生物化学过程，其中包括抗氧化反应，对人体的代谢、免疫功能、甲状腺功能等起着重要的调节作用，缺硒会通过减少硒蛋白的表达而削弱机体抵抗力。调查和统计发现，以高硒摄入量闻名的湖北恩施市 2013 年约为 550 微克/天，COVID－19 患者治愈率为 36.4％，远高于湖北省其他城市，后者的总体治愈率仅为 13.1％①。以低硒摄入量著称的黑龙江省（2018 年约为 16 微克/天），其新冠肺炎感染者死亡率比其他省份（0.5％）高得多，

① Zhang J，Saad R，Taylor E W，et al. Selenium and selenoproteins in viral infection with potential relevance to COVID－19［J］. Redox biology，2020（37）：101715.

为 2.4%。在此背景下，以提供富含硒的农产品、食品、药品及其服务的硒产业在国内外都受到广泛关注。

硒产业是指以硒为核心要素，以促进人体健康为宗旨，以硒资源合理开发利用为基础，由硒农业、硒工业、硒服务业组成的，涵盖第一二三产业部门的全产业链。如果我们要强调硒产品中的含硒量应该达到相关富硒等级的标准，则由生产富硒农产品、富硒食品及其衍生的商贸、旅游等活动组成的全产业链，可以称之为富硒产业。显然，硒产业或富硒产业是融合种植、养殖、加工、制造、旅游和服务贸易等产业于一体的新兴大健康产业，它横跨第一产业、第二产业和第三产业，具体内涵则包括富硒农业（富硒种植业、富硒养殖业）、富硒工业（富硒农副食品加工业、富硒食品制造业、富硒酒、饮料和精制茶制造业、富硒医药、化学原料和化学制品制造业）、富硒服务业（富硒养生旅游业、富硒商业、富硒研发等）。

硒产业自 20 世纪 70 年代开始兴起，主要经历了以外源无机硒直接用于预防和治疗缺硒病症阶段、以发展富硒农产品为主的硒农业阶段、富硒食品加工业逐渐兴起阶段，目前正在进入硒农业、工业、服务业融合发展的新阶段。新的进展主要体现在如下方面：

一、硒资源普查进展顺利，产业空间布局基本形成

截至 2018 年底，全国 1∶25 万土地质量地球化学调

查总面积 260 万平方千米，已覆盖耕地 15.28 亿亩[①]，占全国耕地总面积 75.53%，发现无污染富硒耕地 1.21 亿亩，占调查区耕地总面积的 7.93%，其中包括一些重点区域的大比例尺耕地质量信息。这些成果，促使全国大部分富硒地区制订了相应的富硒产业发展规划，如湖北、广西、江西就出台了全省（区）的规划，湖北恩施、江西宜春、陕西安康、广西贵港等地纷纷出台五年规划，明确发展定位、产业布局等。如湖北恩施提出将“世界硒都”打造成世界硒产业经济总部，陕西安康提出建设“中国硒谷·生态安康”，江西宜春提出打造“中国硒养之都”，黑龙江海伦提出打造“黑土硒都”、广西贵港提出打造“中国硒港”等。

二、富硒农产品种类不断拓展，夯实了富硒农业基础

各地通过利用天然富硒土壤或者采用外源硒生物强化技术形成了较大的富硒种植规模，富硒种植的产品种类繁多、品类齐全，涉及谷类、薯类、豆类、蔬菜类、水果类、食用菌类、茶叶类、中药材类、植物油等几乎全部农产品的类别，种类超过 80 种以上，其中富硒谷物种植面积最广，在各个区域都有种植，以富硒水稻为主，富硒小

① 亩为非法定计量单位，1 亩＝1/15 公顷≈667 平方米，下同。

麦、富硒玉米和富硒杂粮等的种植为辅。富硒茶叶也是种植规模较大的种类，且以常规茶为主，也有洛神花、苦丁茶、金银花、藤茶等。富硒蔬菜和富硒水果的种植规模比富硒谷物和富硒茶叶小，但品种较多。富硒薯类主要是马铃薯、红薯和紫薯等。富硒植物油包括油菜籽油和山茶油等。富硒食用菌类则在部分基地有种植。富硒坚果以富硒核桃为主。另外还有一些具有地方特色富硒中药材的种植，如铁皮石斛、绞股蓝、金银花和葛根等。富硒畜禽和富硒水产也有一定规模，如各地的富硒鸡蛋、富硒黑猪，湖北潜江的富硒龙虾，仙桃的富硒黄鳝，天门的富硒泥鳅，恩施的恩施黄牛、中蜂，安康的富硒冷水鱼，沿海地区的富硒海产品，等等。

三、富硒加工产业发展势头良好，精深加工形成新亮点

大多数富硒农产品都需要进行初加工，如富硒大米、富硒茶叶、富硒食用油、富硒饲料等。在规模化发展富硒动植物生产的基础上，采用现代化天然活性成分提取技术，生产达到一定纯度要求的含硒功能食品，以满足慢性病患者、恶性病患者、婴幼儿、老年人、危险岗位等特殊人群的多样化特定膳食需求和保健需求，是目前最受关注的富硒食品精深加工发展方向。此外，利用富硒生物资源生产生物富硒肥料、化妆品、保健食品和药品也是富硒农产品

加工业的组成部分。这些精深加工的技术工艺不断被突破，形成了硒蛋白、硒多糖、多肽、类黄酮等活性成分原料序列和高端定制化产品序列，产业化应用初见成效，100 多款产品已经进入市场，成为富硒功能食品中的新亮点[①]。

四、硒旅融合是硒服务业的重要抓手，已成为产业发展的新引擎

硒养生旅游是硒服务业的主要内容。硒养生旅游，就是以硒生态资源和硒文化资源为基础，以满足游客休闲养生需求为目的的新兴旅游方式，是硒产业与旅游产业融合发展，故也被称为硒旅融合。它在满足人们健康食物需求的同时，也满足人们健康心理需求，同时它也是硒产业链的进一步延伸，是产业链消费终端的重要组成部分，是提升硒产业价值链的重要途径。

现阶段硒旅融合有 3 种模式：一是“硒＋旅游”模式，即在硒资源优势突出、硒产业发展基础良好的地区，利用硒资源、硒产品、硒康养开发旅游产品，实现“硒＋旅游”模式的融合发展。这是一种在基本没有旅游资源但拥有丰富硒资源条件下，人为打造旅游目的地的模式。二是“旅游＋硒”模式，即在旅游资源优势突出，尤其在养生、康复、度假等功能比较突出的旅游景区，以旅游带

① 数据来源：恩施土家族苗族自治州硒资源保护与开发中心。

来的消费人群为动力，扩大富硒产品的市场，进一步彰显其养生保健特色，提升景区的竞争力和影响力。三是“硒×旅游”模式，是在硒资源和旅游资源都不突出的区域，利用富硒茶园、果园、菜园和水面开展乡村旅游，在富硒食品加工园区、富硒产品展销场馆、科普教育基地、硒矿床和硒矿点、富硒植物种植基地等打造参观游览地，形成一些大大小小的消费热点。上述这些模式在湖北恩施、安徽石台、陕西安康、江西宜春等地都有一些成功案例。

以上是对硒产业发展动态的定性描述。而定量化的动态评估就是编制中国硒产业发展指数的主要目的。

第二节　编制中国硒产业发展指数的意义

中国硒产业发展指数（SeI），简称硒指数，是以一定的行政区域内，若干个反映硒产业发展规模、质量的统计指标的动态变化相对值组成的产业发展动态评估体系。它能够客观比较各硒产业发展地区的纵横向水平，分析各地硒产业发展的优势和劣势，为各地硒产业科学发展提供咨询，为全国硒产业发展进行定量评估。随着硒产业发展的不断深入，尤其是富硒地区硒指数在制定地区国民经济发展和战略规划中的作用也在逐步显现。为进一步落实习近平总书记关于把硒资源转化为富硒产业的重要指示精神，把硒产业上升为国家战略，做到硒产业发展全国一盘棋，编制中国硒产业发展指数意义重大。具体来说，编制中国硒产业发展指数的意义主要表现在以下几个方面：

一是综合评估硒资源与产业发展水平。全国硒产业发展指数可以通过综合评估硒资源分布、储量、开采水平以及硒产业的发展规模、技术创新、市场需求和产值等因素，客观反映硒产业的整体发展水平和特定时期的整体发展状况。该指数可以从多个方面衡量硒产业的健康程度，包括生产规模、资源开发利用情况等。

二是促进硒产业政策制定和转型升级。硒产业发展指数可以帮助政策制定者和市场主体了解硒产业的发展趋势，通过长期观察硒产业指数的变化，可以发现行业的发展方向和潜在的问题，有助于制定相应的产业政策和战略。通过对硒产业发展指数的分析，可以发现硒产业面临的问题和挑战，从而引导政府和企业加大技术创新投入，调整资源配置，促进硒产业结构优化和创新发展，推动硒产业向高质量发展转型升级。

三是引导投资和推动产业合作。硒产业发展指数是一个客观的评价体系，可以帮助投资者了解硒产业的风险和潜力，为投资者提供参考，还可以吸引更多科技力量和资金投入硒产业，同时也有助于推动地区之间的硒产业合作，形成产业链协同发展。指数还可以反映出不同地区在硒产业发展方面具有不同的优势，这样可以发现潜力较大的地区，促进地方经济的发展，实现全国硒产业的均衡发展。

总的来说，编制中国硒产业发展指数对于全面了解硒产业的发展状况，引导产业政策制定和投资决策，推动产业优化升级，都具有重要的意义。

第三节 统计指标及数据来源

从统计指标的角度来说，2022 年硒产业发展指数继续沿用了 2021 年指数的概念与做法，但有三点改进：一是增加了从省级层面的比较维度，二是突出了对各地资源与产业发展特色的表述，三是进一步扩大了研究区域覆盖的范围。具体表现为硒产业发展概述，分年度硒产业总产值、硒农业产值、硒工业产值、硒服务业产值、硒研发投入、科技创新指数、品牌指数等，并对地区生产总值与硒产业总值进行比较，得出硒产业与地区经济之间的关联指数，并进行分析和研判。同时，今年的数据收集工作启动得更早，更大程度扩充了数据征集群，更广范围对数据提供规范达成了共识等，更好地保证了中国硒指数的时效性和权威性。

从数据来源的角度来说，本次硒产业发展指数的数据大部分来自各地政府农业部门、硒产业发展管理部门、硒产业协会提供的材料，针对有些资料和数据不完善的情况，指数编制工作专班通过其他途径获取了相关资料，为全面客观反映当地硒产业发展情况进行了有效补充。

第四节　编制过程与计算方法

中国硒产业发展指数是一个衡量全国硒产业发展水平的综合指标，它是基于硒产业相关数据和指标计算得出的，因此，加强数据运用的科学性，不断优化现有指数体系，以期更好地反映我国硒产业发展的整体进展和不同地区发展的阶段性，进一步规范和指导硒产业发展，是我们共同的目标。本次硒产业指数的编制过程和计算方法其科学性、应用性和权威性有了进一步提升。

一、确定指标体系

第一步是确定用于评估硒产业发展的指标体系，这些指标应该涵盖硒资源、生产规模、加工水平、市场销售、技术创新、品牌建设等多个方面，然后根据各地提供的数据结合硒产业的特点和发展需求，选取一组合理的指标作为评估的基础数据。

二、数据收集完善

确保数据的真实性、准确性和可靠性对于指数的计算非常重要。在各地的大力支持下，我们收集了与所选指标相关的硒产业数据，这些数据来源于各地的统计部门、农业部门、硒产业管理部门、富硒协会、研究机构，也有一部分是我们根据其他途径查询进行的补充。

三、数据标准化

由于各地提供的数据参差不齐，所选指标的单位和量级也可能不同，我们按照总产值、一二三产业产值、科研投入、品牌影响等方面对数据进行标准化处理，将不同指标的数据统一为相同的量级或比例，以便进行综合比较和计算。

四、指数计算

根据所选指标的数据和权重分配，通过加权平均或者加权几何平均等方法，计算每个指标的子指数，并根据子指数的加权求和得出最终的硒产业发展指数和相关支撑硒产业发展的各方面要素。

五、指数解释和分析

我们通过计算得出硒产业发展指数后，对指数进行了解释和分析，了解硒产业发展的整体和局部的趋势特点。通过指数的变化趋势，可以分析硒产业发展的优势和不足，并提出改进和发展的建议。

第二章　湖北省恩施州硒产业发展研究

第一节　概　　述

一、立足资源，明确硒产业发展定位

天恩地施，物以“硒”为贵。恩施拥有迄今为止“世界唯一探明的独立硒矿床”，是大自然给予的“天赐瑰宝”，是享誉中外的“世界硒都”。近年来，恩施州相继完成全域1∶5万和重点区域1∶1万土壤硒资源普查，建立全州硒资源分布信息库，绘制硒资源土壤分布等级图，划定天然有益微量元素农产品生产基地建议区，建立村级土地地球化学质量档案，先后有两个地块被中国地质学会认定为第一批、第二批天然绿色富硒土地。

在此基础上，编制发布《恩施州硒产业发展“十四五”规划（2021—2025年）》《恩施州大产业发展规划（2022—2035年）》，绘制硒产业现状全景图、结构布局图、发展路径图，确立了恩施硒茶、马铃薯、药材、蔬菜、水果、畜禽六大主导产业，大力推进硒产品精深加工

产业园建设，提出打造全国硒产业发展高地与硒产业世界经济总部，建成以富硒农产品为特色的现代农业产业化体系、以硒蛋白产业化为核心的硒食品精深加工产业集群、以富硒旅游为重点的国家全域旅游示范区的发展目标。

二、围绕市场，完善硒产业发展体系

一是大力提升品牌竞争力。发挥政府主导作用，全力推进品牌整合，以“恩施硒物”总品牌为引领，聚力打造“恩施硒茶”“恩施玉露”“利川红”“恩施土豆”等区域公用品牌，着力打造“1+8+N”（“1”即确立一个以硒为引领的全区域、全品类、全产业链的州域公用品牌“恩施硒物”，“8”即围绕“茶烟菜药果畜粮蜂”农业主导产业打造分产业的区域公用品牌，“N”即企业产品品牌）的品牌体系。

二是大力培育市场主体。涉硒加工企业突破700家，规模以上加工企业达到147家，产值实现正增长，21家涉硒企业通过高新技术企业认定评审；国家级专精特新“小巨人”企业实现“零”的突破，新增省级专精特新“小巨人”的硒产品精深加工企业2家，获省级制造业单项冠军的硒产品精深加工企业3家，7家企业被国家富硒农产品加工技术研发专业中心（以下简称为“国硒中心”）授予富有机硒试验示范基地。

三是强化宣传营销。变“政府主导”为“企业主办”，连续成功举办七届硒博会，第七届硒博会内容加入科技创新板块，主办单位扩充了湖北省政府组成部门，主办中国马铃薯大会、中国茶业科技年会，组织涉硒企业积极参加世界大健康博览会、杭州电博会等交流活动，在全国多个城市开设硒产品专营店（柜），构建全域多元并进的展销渠道，线下结合国际茶日、茶王大赛、中国民间龙舟赛、山地马拉松等活动，展示“硒”品，体验“硒”游，品赏“硒”味，传播“硒”旺。

三、依托科研，打造硒产业发展的支撑体系

一是大力推进多层次标准体系的建设。全州特色基地突破 700 万亩，其中堇叶碎米荠标准化原料基地突破 1 000 亩。参与、验证涉硒国家标准 2 项、行业标准 4 项、省级标准 5 项，发布涉硒地方标准 55 项，推动建设硒红茶、硒稻谷、硒乌龙茶、硒大蒜、硒藤茶等 5 个涉硒农业标准化种植示范区。

二是强化涉硒基础理论研究和应用开发研究。联合武汉轻工大学、中国科学院、北京中医医院、新西兰奥克兰大学、江南大学、华中农业大学等二十多所院所等，共同搭建国硒中心等国家级、省级科研平台，新增省级重点实验室 1 个，省级科普基地 1 个，硒与人体健康的基础研究取得新进展，特色富硒资源的筛选评价改良有了新突破，富硒农产品加工关键技术的应用场景不断推广。

三是强化涉硒人才的引进与培养。聘请中国工程院李

培武院士担任硒产业发展首席顾问，大力实施“硒谷英才”计划，建设涉硒院士专家工作站、博士后科研工作站，培养优秀创新人才团队，拟将涉硒人才的引进、培养、使用作为第八届硒博会学术论坛的主题，寻求更大范围的智力支持。

此外，硒产业发展所需要的检测平台和技术研究也取得了一定进展。

第二节　恩施州硒产业发展指数的结果与分析

一、产值指数的结果与分析

根据恩施州硒资源保护与开发中心提供的数据，恩施州硒产业总产值等指标在2019—2022年度的统计结果及逐年环比指数，即指数2020、指数2021、指数2022（分别表示2020年、2021年、2022年对上一年度的百分比），以及以2019年为基期、2022年为报告期的定基指数的结果如表2-1所示。

表2-1　恩施州2019—2022年硒产业产值及环比和定基指数计算

指标	产值（亿元）				指数（%）			
	2019年	2020年	2021年	2022年	2020年	2021年	2022年	定基
硒产业总产值	634.71	637.17	719.39	831.71	100.39	112.9	115.61	131.04

（续）

指标	产值（亿元）				指数（%）			
	2019 年	2020 年	2021 年	2022 年	2020 年	2021 年	2022 年	定基
硒农业产值	329.14	370.59	412.2	465.34	112.59	111.23	112.89	141.38
硒工业产值	124.31	154.42	177.87	203.48	124.22	115.19	114.40	163.69
硒服务业产值	180.46	111.12	128.15	161.48	61.58	115.33	126.01	89.48
硒研发投入	0.80	1.04	1.17	1.41	130.00	112.50	120.51	176.25

众所周知，自 2020 年年初开始，延续至 2022 年年底的新冠疫情，严重冲击了我国经济的正常发展。2020 年恩施州硒产业发展遭遇较大困难，以硒养生旅游为主的硒服务业下降了接近 40%，但是，依靠硒工业的强劲增长（24.22%），硒产业总产值仍然保持了正增长的趋势。此后的两年，尽管疫情不断出现反复，硒农业、硒工业、硒服务业都实现了正常发展，年增速均在 10%以上，到 2022 年，硒产业总产值达到 831.71 亿元，比疫情前的 2019 年增长 31.04%，其中，硒农业产值累计增长 41.38%，硒工业产值累计增长 63.69%，硒服务业产值恢复到疫情前的 89.48%。

就 2022 年的数据而言，硒产业总产值、硒农业产值、硒工业产值、硒服务业产值比 2021 年分别增长了

15.61%、12.89%、14.40%、26.01%，增速表现出三产＞二产＞一产的良好势头，促使一二三产业产值的比例有所优化，一产产值比例下降 2 个百分点，三产产值比例上升 2 个百分点。

二、关联指数的结果与分析

将恩施州 2019—2022 年的地区生产总值与硒产业总值进行比较，可得到各年度的硒产业与地区经济之间的关联指数，见表 2-2。

表 2-2　恩施州 2019—2022 年硒产业关联指数

指标	2019 年	2020 年	2021 年	2022 年
硒产业总产值（亿元）	634.71	637.17	719.39	831.71
地区生产总值（亿元）	1 159.37	1 117.7	1 302.36	1 402.20
硒产业占比	0.55	0.57	0.55	0.59
关联指数（%）		103.63	96.49	107.84

结果表明，恩施州硒产业对地区经济总量的影响较大，硒产业总产值与地区生产总值的比例稳定在 0.55 以上，最高达到 0.59，年际间的关联指数有所波动。

三、科技创新指数的结果与分析

以研发投入为指标，考察 2019—2022 年恩施州硒产业的科技创新情况，见表 2-3。

表 2－3　恩施州 2019—2022 年硒产业科技创新指数

指标	2019 年	2020 年	2021 年	2022 年
硒研发投入（亿元）	0.8	1.04	1.17	1.41
创新指数（%）		130.00	112.50	120.51
占硒产业总产值比（%）	0.13	0.16	0.16	0.17

数据表明，恩施州在硒研发上的投入是持续增加的，2020 年增幅最大，达到 30%，后面的增幅小一些，主要是基数增大后的效应。但是对于研发投入占硒产业总值的比例看，均显著小于 1%，科技创新对产业的支撑作用偏弱。

四、品牌价值指数的结果与分析

根据浙江大学中国农业品牌研究中心发布的“中国茶叶区域公共品牌价值研究报告”，“恩施玉露”“恩施硒茶”两个品牌在 2019—2022 年的价值估算和品牌价值指数的计算结果见表 2－4。

表 2－4　2019—2022 年恩施州富硒茶叶品牌价值及其指数

指标	2019 年	2020 年	2021 年	2022 年
恩施玉露品牌价值（亿元）	20.54	23.07	25.21	32.63
指数值（%）		112.32	109.28	129.43
恩施硒茶品牌价值（亿元）	16.44	18.48	21.35	25.47
指数值（%）		112.41	115.53	119.30

可见两个品牌的价值都是在持续提升，且增幅不断扩

大，尤以 2022 年度的增幅最大，说明政府主导的品牌整合效果正在显现，品牌的影响力和竞争力得到了大幅提升。

第三节　分县市的产值指数结果与分析

对恩施州所辖的 8 个县市的硒产业发展情况进行分析，能够为全国县域硒产业发展提供案例，同时对恩施州硒产业发展的经验进行深入挖掘，可为州委州政府的决策提供参考。

一、硒农业产值指数的结果与分析

表 2－5 给出的是恩施州各县市硒农业产值及指数计算的结果。

表 2－5　2019—2022 年恩施州各县市硒农业产值及其指数

县市	硒农业产值（亿元）				硒农业产值指数（%）			
	2019 年	2020 年	2021 年	2022 年	2020 年	2021 年	2022 年	定基
恩施	55.97	63.09	71.24	84.47	112.71	112.92	118.57	150.91
利川	65.87	74.21	83.34	97.84	112.66	112.30	117.40	148.53
建始	42.00	47.99	51.69	58.55	114.27	107.70	113.27	139.40
巴东	41.65	46.79	52.77	59.72	112.33	112.78	113.17	143.37
宣恩	34.45	38.82	43.84	47.51	112.69	112.94	108.37	137.92
咸丰	36.55	40.68	44.71	46.42	111.29	109.91	103.82	127.00
来凤	27.58	31.13	33.37	35.16	112.88	107.19	105.36	127.49

（续）

县市	硒农业产值（亿元）				硒农业产值指数（%）			
	2019 年	2020 年	2021 年	2022 年	2020 年	2021 年	2022 年	定基
鹤峰	25.06	27.87	31.21	35.67	111.22	111.97	114.29	142.32
全州	329.13	370.53	412.17	465.34	112.59	111.22	112.90	141.38

从产值规模看，8 个县市可以分成 4 个梯队：第一梯队是利川、恩施，一直保持产值规模的前 2 名，第二梯队是建始和巴东，宣恩和咸丰排在第三梯队，第四梯队是来凤、鹤峰，梯队内部互有先后，差异比较小。从发展速度看，仍是恩施和利川两市的速度最快，以 2019 年为基期的累计增长超过或接近五成，巴东、鹤峰增长幅度次之，咸丰、来凤的增长相对滞后。

二、硒工业产值指数的结果与分析

恩施州各县市硒工业的发展情况，见表 2－6。

表 2－6　2019—2022 年恩施州各县市硒工业产值及其指数

县市	硒工业产值（亿元）				硒工业产值指数（%）			
	2019 年	2020 年	2021 年	2022 年	2020 年	2021 年	2022 年	定基
恩施	30.25	35.86	42.32	48.57	118.55	118.01	114.77	160.56
利川	18.01	22.82	25.01	28.98	126.71	109.60	115.87	160.91
建始	6.59	13.37	16.62	18.66	202.88	124.31	112.27	283.16
巴东	13.38	13.20	14.08	16.12	98.65	106.67	114.49	120.48
宣恩	15.29	17.13	19.02	21.14	112.03	111.03	111.15	138.26

（续）

县市	硒工业产值（亿元）				硒工业产值指数（%）			
	2019 年	2020 年	2021 年	2022 年	2020 年	2021 年	2022 年	定基
咸丰	16.33	17.93	21.17	23.58	109.80	118.07	111.38	144.40
来凤	11.85	16.70	19.03	21.59	140.93	113.95	113.45	182.19
鹤峰	12.61	17.41	20.62	24.84	138.07	118.44	120.47	196.99
全州	124.31	154.42	177.87	203.48	124.22	115.19	114.40	163.69

恩施州硒工业的分县市格局与硒农业有很大不同。一是州城恩施市的硒工业一直保持“一核引领”，产值规模与其他县市有较大的领先优势；二是经过这几年的发展，硒工业基础较薄弱的建始、来凤、鹤峰等县发展速度较快，已经超过了原来位居中游的巴东。宣恩、咸丰的硒工业相对滞后，巴东则表现不佳，产值规模掉到了全州最后一位。

三、硒服务业产值指数的结果与分析

前已述及，2020 年开始的新冠疫情给恩施州的旅游业带来严重冲击。这里进一步将硒服务业的分县市情况进行分析，统计数据见表 2－7。

表 2－7　2019—2022 年恩施州各县市硒服务业产值及其指数

县市	硒服务业产值（亿元）				硒服务业产值指数（%）			
	2019 年	2020 年	2021 年	2022 年	2020 年	2021 年	2022 年	定基
恩施	71.38	50.38	59.88	63.44	70.58	118.86	105.95	88.88

（续）

县市	硒服务业产值（亿元）				硒服务业产值指数（%）			
	2019 年	2020 年	2021 年	2022 年	2020 年	2021 年	2022 年	定基
利川	31.88	14.41	18.21	29.68	45.20	126.37	162.99	93.10
建始	23.89	11.14	11.25	16.12	46.64	100.99	143.29	67.48
巴东	11.39	9.27	13.56	16.34	81.39	146.28	120.50	143.46
宣恩	9.47	8.93	7.34	10.99	94.29	82.19	149.73	116.05
咸丰	15.86	7.90	7.30	11.18	49.83	92.41	153.15	70.49
来凤	8.70	2.26	4.81	6.26	25.97	212.83	130.15	71.95
鹤峰	7.18	4.56	5.79	7.47	63.48	126.97	129.02	104.04
全州	179.75	108.85	128.14	161.48	60.56	117.72	126.02	89.84

不难看出，以硒养生旅游为重点的硒服务业同样呈现出恩施市“一核引领”的优势地位，排在第二的利川市，服务业产值规模还不到恩施市的一半，其他县市与恩施市的差异就更大。从各县市的发展速度可以明显看到疫情的影响，巴东、宣恩、鹤峰的硒服务业产值超过疫情前，其他县市的硒服务业产值都还没有恢复到疫情之前的 2019 年的水平。

四、硒产业总产值指数的结果与分析

包括硒农业、硒工业、硒服务业在内的分县市硒产业总产值的情况见表 2－8。

表 2-8　2019—2022 年恩施州各县市硒产业总产值及其指数

县市	硒产业总产值（亿元）				硒产业总产值指数（%）			
	2019 年	2020 年	2021 年	2022 年	2020 年	2021 年	2022 年	定基
恩施	157.84	149.56	173.71	196.82	94.75	116.15	113.30	124.70
利川	115.78	111.47	126.70	156.62	96.27	113.66	123.61	135.27
建始	72.50	72.63	79.70	93.58	100.19	109.73	117.42	129.08
巴东	66.53	69.31	80.44	92.27	104.17	116.06	114.71	138.69
宣恩	59.40	64.90	70.23	79.68	109.26	108.22	113.46	134.14
咸丰	68.77	66.84	73.51	81.58	97.20	109.98	110.98	118.63
来凤	48.20	50.29	57.36	63.13	104.34	114.06	110.06	130.98
鹤峰	44.88	49.86	57.64	68.03	111.11	115.59	118.03	151.58
全州	633.90	634.86	719.29	831.71	100.15	113.30	115.63	131.21

从总产值规模看，恩施市的领先优势还是比较明显，已接近 200 亿元，利川市的总产值排第二，超过 150 亿元，其他县市次序与硒农业产值的次序相似，但彼此之间的差距不是很大。从发展速度看，鹤峰增幅最大，咸丰增幅最小，其他地方的累计增幅在 24%～36%，互有先后。疫情的影响主要体现在 2020 年，恩施、利川、咸丰 3 县市的产值呈负增长，2021 年以后，各地总产值的增幅均实现正增长。

第三章　江西省重点地区硒产业发展研究

第一节　概　　述

2019年以来，江西全省上下始终牢记习近平总书记视察江西时重要指示精神，认真贯彻省委省政府关于大力推动富硒功能农业高质量发展的决策部署，推动“赣西、赣南和环鄱阳湖”三大富硒功能农业发展板块加速形成，富硒水稻、富硒蔬菜、富硒水果、富硒茶叶、富硒禽蛋等富硒特色优势产业快速发展，2022年，全省富硒功能农业综合总产值突破770亿元，同比增长38.13%。全省已建设省级富硒科研平台6个，发布富硒地方标准15项，获得富硒农产品认证的省级以上农业产业化龙头企业达到208家，富硒农产品品种数量达到212个、认证富硒农产品达到1 892个。

一、顶层设计不断强化

2019年，经省政府同意，江西省印发了《加快推动富硒农业高质量发展的指导意见》，2022 年 9 月，聚焦进一步强化政策支撑，省人民政府办公厅印发了《加快推动富硒功能农业高质量发展三年行动方案（2023—2025）》。同时，省农业农村厅印发了《全省富硒功能农业发展规划》《江西省“十四五”乡村产业发展规划》。

二、资金支持不断加码

自 2021 年起，江西省连续三年累计安排省级财政专项资金 9 700 万元用于支持富硒功能农业发展。其中，2021 年安排省级财政资金 1 700 万元，重点支持制定省级硒地方标准、富硒农产品认证。2022 年安排省级财政资金 2 000 万元，重点支持打造 10 个富硒农业发展先行示范区，并支持赣州市、宜春市与科研单位开展合作。2023 年，安排省级资金 6 000 万元，支持创建 12 个富硒功能农业重点县。

三、科研创新不断提升

先后推动江西省富硒产业研究院（宜春）、江西省富硒农业研究院（江西农业大学）、江西省富硒产品质量监督检验中心（赣州）、江西省富硒产业标准化技术委员会（赣州）等省级平台成立，江西省富硒食品质量检验检测中心（宜春）筹建，江西省植物硒强化及评价技术工程研究中心（宜春）成功认定，江西省农业农村厅与武汉轻工大学就富硒功能农业科研合作签署了战略合作框架协议，为推动富硒标准建设和科研创新提供了有力科技支撑。2022年新增富硒地方标准6个，总数达到15个，比2019年新增12个，全省富硒功能农业科研创新水平和标准化水平不断上升。

下一步，江西省将深入贯彻落实习近平总书记视察江西重要指示精神，按照《加快推动富硒功能农业发展三年行动方案》有关要求，以富硒功能农业重点县项目建设为抓手，大力实施“硒＋X”发展战略，培育培强富硒龙头企业，引进一批有意愿发展富硒功能农业的龙头企业，打造一批集群化特色产业“单品冠军”。加快科研标准体系、服务支撑体系、检测认证体系、品牌营销体系四大体系建设，谋划立项制定一批富硒标准，推动国家富硒产品质量检验检测中心（赣州）等省级科研平台、省级富硒功能农业数字化平台建设，引导富硒龙头企业和新型农业经营主体开展富硒农产品认证，打造企业品牌和产品品牌，力争2023年新增富硒农产品认证个数200个以上。

第二节　宜春市硒产业发展

一、概述

宜春地处江西省西北部，因“城侧有泉，莹媚如春，饮之宜人”而得名；宜春市下辖10个县市区和3个特色区，总面积1.87万平方千米，常住人口500.77万人。宜春自古就有“农业上郡”之称，粮、油、猪、肉产量和毛竹蓄积量，以及中药材、有机农产品、猕猴桃、百合种植面积和产量均居全省第一，是全国28个粮食主产区之一，全国重点毛竹产区。全市富硒土壤面积780万亩，潜在富硒土壤面积765万亩，是全国三大富硒地之一。温汤富硒温泉，水温长年保持在68～72℃，日流量达1万吨，是全国唯一“可饮可浴可治病”的富硒温泉；丰城市董家镇天然富硒地块被中国地质学会认定为全国首批天然富硒土地。交通畅达，现有铁路6条、高速公路10条，县县通高速。宜春明月山机场已开通了直抵北京、上海、深圳等18座热点城市。水运方面，顺赣江而下，与长江经济带、长江中游城市群相连接。生态优美，境内以丘陵、山地为主，气候温和、雨量充沛、四季分明，素有“山明水秀，土沃泉甘，其气如春，四时咸宜”之称。全市森林覆盖率57.09%，现有3个国家级生态县，28个国家级、省级森林公园、自然保护区和旅游景区。

近年来，宜春市坚持把富硒产业作为全市农业的首位产业，聚焦全域创建富硒绿色有机农产品示范市，集中力量，集聚资源、集成政策，持续推进，着力打造千亿级富硒产业链。2022年富硒综合产值突破610亿元，先后荣获“世界硒养之都”“全国富硒农业示范基地”“中国富硒美食地标城市”“全国硒资源变硒产业十佳地区”等称号，得到了中央和省领导的肯定。一是注重顶层设计。成立市县两级书记、市长“双组长”产业发展领导小组，设立市硒资源开发利用中心统筹推进。高标准编制产业发展规划，科学布局“一区两带三核六园”，确保到2023年实现综合产值700亿元。出台一系列扶持政策，市县财政每年安排6 000万元以上对企业融资、市场开拓、人才引进、用地等予以专项扶持。二是致力夯实基础。全市认定富硒农业产业示范基地262个，培育富硒经营主体449家，开发富硒产品70多种，注册富硒农产品商标260个，认证“两品一标”富硒农产品502个，宜春大米等21个富硒农产品荣获国家地理标志产品，丰城麻鸭等5个富硒农产品获评全国名特优新农产品。“水稻绿色富硒生产技术创新与集成应用项目”获全国农牧渔业丰收奖三等奖。三是强化服务支撑。组建江西富硒产业研究院、江西富硒产业创新联盟等科技平台；获批江西省植物硒强化与评价技术工程研究中心，并获批筹建江西省富硒食品质量检验检测中心（宜春）等检测平台；组织编写《宜春市富硒产业ABC教材》《宜春市富硒农业发展的机遇与挑战》《硒健康与硒产品》3本科普书籍，不断提升消费者对富硒农产品的知晓度。制定省级硒地方标准8项、团体标准7项，不断提升富硒行业“话语权”。

下一步，宜春市将瞄准“示范作标杆、全国勇争先”的目标要求，坚定不移地将富硒产业作为推进农业产业的首位产业，全面提升富硒产业“首位度”，不断加快全域创建富硒绿色有机农产品示范市步伐。总体目标概括为“1415”：“1”是指以“宜春宜品”区域公用品牌为引领，全力唱响宜春富硒品牌；“4”是指打造富硒大米、富硒竹笋、富硒禽蛋、富硒果蔬 4 个百亿元产业集群；第二个“1”是指培育销售收入亿元以上富硒龙头企业 100 家，其中 10 亿元以上全产业链头部企业 2～3 个；“5”是指建设 500 万亩富硒产业标准基地。

二、宜春市硒产业发展指数的结果与分析

（一）主要富硒农产品

宜春市发展的主要富硒农产品有富硒大米、中药材、禽蛋、果蔬、茶叶、竹笋六大类。2021—2022 年的规模、效益增长情况见表 3－1。

表 3－1　2021—2022 年宜春市主要富硒农产品生产情况

单位：万亩，万吨，亿元

产品名	2021 年			2022 年			指数（%）		
	面积	产量	产值	面积	产量	产值	面积	产量	产值
富硒大米	100.11	61.77	37.06	125.20	67.59	40.55	125.06	109.42	109.42
富硒中药材	13.09	14.27	11.88	13.57	14.80	12.32	103.67	103.71	103.70
富硒禽蛋		11.32	15.85		14.79	20.71		130.61	130.66
富硒果蔬	24.92	37.85	45.93	27.49	44.15	53.49	110.31	116.65	116.46
富硒茶叶	6.37	0.32	6.62	7.40	0.37	7.41	116.17	115.63	111.93
富硒竹笋	1.61	1.55	1.52	22.88	12.99	12.82	421.12	838.61	843.42
合计	146.10	127.08	118.86	196.54	154.69	147.31	134.52	121.72	123.93

2022年宜春市主要富硒农产品的基地面积扩大了34.52%，接近200万亩。其中以富硒竹笋的面积增幅最大，由2021年的1.61万亩扩大到22.88万亩。总产量增加21.72%，总产值增加23.93%，总产值达到147.32亿元。

（二）产值指数的结果与分析

汇总计算的结果列于表3－2。

表3－2　2021—2022年宜春市硒产业发展的产值指数计算

单位：亿元，%

指标	2021年	2022年	指数值
硒产业总产值	424.51	610.90	143.91
硒农业产值	195.2	213.37	109.31
硒工业产值	134.7	179.7	133.41
硒服务业产值	93.88	216.93	231.07
硒研发投入	0.73	0.9	123.29

宜春市2022年的硒产业总产值、硒农业产值、硒工业产值、硒服务业产值分别比2021年增长了43.91%、9.31%、33.41%、131.07%。显然硒服务业的发展最为亮眼，硒工业的增幅也很显著，这大大优化了硒产业的三次产业结构，一二三产的比值由2021年的0.46∶0.32∶0.22发展为0.35∶0.30∶0.35，服务业的产值与农业持平且超过工业，奠定了高质量发展的良好基础。

（三）其他指数的结果与分析

表3－3、表3－4分别给出了宜春市硒产业关联指数、

科技创新指数的计算结果。

表 3-3　2021—2022 年宜春市硒产业发展的关联指数计算

指标	2021 年	2022 年
硒产业总产值（亿元）	424.51	610.90
地区生产总值（亿元）	3 191.28	3 273.12
硒产业总产值/地区生产总值	0.13	0.18
关联指数（%）		132.23

结果表明，宜春市硒产业的贡献率不高，但 2022 年与 2021 年相比，硒产业的地位有所上升，硒产业总产值与地区生产总值的比例达到 18%。对硒产业的研发投入也有所上升，年增 23.29%，但研发投入占硒产业总产值的比例远低于 1%，科技支撑不足仍然是宜春市硒产业发展的重要短板。

表 3-4　2021—2022 年宜春市硒产业发展的科技创新指数计算

指标	2021 年	2022 年
硒研发投入（亿元）	0.73	0.9
创新指数（%）		123.29
研发投入占总产值比（%）	0.17	0.15

根据表 3-1，我们可以看出宜春市主要富硒农产品的价格在 2021—2022 年间基本没有变化。根据宜春市硒资源开发利用中心的统计数据，“宜春大米”“奉新大米”等主要涉硒农产品区域品牌的价值在这两年中也几乎没有变化，因此这里略去了价格指数和品牌价值指数的计算。

第三节　赣州市硒产业发展

一、概述

赣州位于江西省南部，俗称赣南。辖3区2市13县及蓉江新区、3个国家级经济技术开发区、1个综合保税区、1个国家级高新技术产业开发区。面积3.94万平方千米，人口984万，是江西区域面积最大、人口最多的设区市。赣州是全国文明城市、国家卫生城市、国家森林城市、国家历史文化名城，是江南宋城、客家摇篮、世界橙乡、生态家园、红色故都。

赣州富硒土壤资源丰富，通过对赣南2 375.66万亩土地开展1∶5万土地质量地球化学调查，全市发现富硒土地面积1 117.61万亩（其中耕地104.28万亩、园地76.90万亩、林地835.78万亩、其他100.65万亩），占调查面积的47.04%。

2019年5月20日，习近平总书记在江西赣州视察时作出重要指示“一定要把富硒这个品牌打好”。为贯彻落实总书记重要指示精神，赣州市坚持一二三产融合发展和“硒＋X”战略，全面推进富硒产业发展，全市富硒综合产值快速增长，富硒产业已经成为推动乡村振兴和农民增收的支柱富民产业。

一是组织领导有力。为强化对富硒产业发展的组织领导，赣州市委、市政府高位推动，成立由市政府主要领导任组长的硒资源保护与开发利用领导小组，下设赣州市富硒产业发展办公室在市农业农村局，从市场监管局、自然资源局、赣南科学院等单位抽调骨干力量集中办公。

二是体制机制顺畅。借力考核指挥棒作用，将富硒产业发展工作列入省市高质量发展考核和全市乡村全面振兴行动考核。市农业农村局以富硒产业引领其他农业产业发展，实行责任化、清单化、项目化管理。

三是资源保护规范。根据自然资源部中国地质调查局的调查结果，全市已探明富硒土地面积 1 117.61 万亩，占调查区总面积的 47.04%，富硒土壤资源优质且丰富，无过剩风险。为规范保护与开发利用富硒资源，圈定富硒产业发展区 169 处、98.52 万亩，打造集中连片富硒基地 337 处，并在富硒产业发展区树立富硒资源保护标识牌。

四是发展氛围浓厚。多次组织企业赴湖北恩施、江西宜春等地考察学习，组团参加世界硒博会和富硒产业发展高峰论坛，并在中国硒产业峰会上作交流发言。与江西日报社、赣州广播电视台、赣南日报等媒体合作，推出专题报道 50 余篇。聘请教授、专家在市委中心组学习（扩大）会及其他专题会上做硒知识讲座，形成了全市各部门、各单位、全社会齐抓富硒产业的良好氛围。

五是保障体系完善。市政府办每年下发了全市富硒产业发展工作方案，对各县（市、区）发展富硒产业提出明确的目标任务，各县（市、区）结合自身实际制定细化方案。不断加强资金保障，市级富硒产业专项资金从 2016 年的 20 万元提高到 3 500 万元。争取省级资金 5 100 万元支持创建富硒产业发展先行示范区和省级富硒功能农业重点县，出台了富硒产业发展专项资金奖补方案。

六是产业链条健全。坚持"基地—园区—加工—品牌—集群"的全产业链发展思路，出台《富硒产业示范基地管理办法》和《富硒产业园建设指南》，建成富硒产业示范基地 140 个，打造会昌小密硒谷、于都新长征 2 个高标准富硒产业园。积极推进富硒产业集群建设，培育涉硒经营主体 500 家（其中省级龙头企业 53 家）。为补强加工链条，引进了江西崇志生物有限公司在崇义投资富硒农产品加工，中硒集团在于都投资富硒果蔬及硒多宝萃取、富硒预制菜加工等项目。

七是标准体系完善。牢牢把握标准的主动权，成功争取江西省富硒产业标准化技术委员会落地赣州。制定各类富硒标准 19 个，江西省地方标准 1 个、市级地方标准 6 个、团体标准 2 个、企业标准 10 个。同时，率先出台《富硒产品认证监管管理办法》，并建立富硒产品认证检测机构和认证机构名录库，对富硒检测和认证实施规范化监管。

八是市场销售畅通。在中心城区建成运营3家硒产品旗舰店和硒餐厅，让广大消费者现场体验和购买富硒农产品，不断拓宽富硒产品线上、线下销售渠道。在会昌县与京东集团签订农产品展销合作协议，推动赣南优质富硒农产品入驻京东电商平台。积极开拓大湾区市场，认定大湾区“菜篮子”生产基地84家、“圳品”28个。抢抓赣州与深圳建立对口合作关系的重大历史机遇，积极推动赣深两地农业合作，通过直播订购、在深圳海吉星设立赣州展销馆等形式推动赣南优质富硒农产品进入大湾区高端市场。

九是品牌形象凸显。坚持品牌强农发展战略，出台《赣州市2023年富硒农产品品牌提升行动方案》，积极引导企业开展富硒产品认证和商标注册，推动全市富硒农产品生产经营企业注册富硒商标90余件，有效期内富硒农产品认证1 207个，19家富硒农业龙头企业品牌入选江西省“赣鄱正品”品牌体系，均为全省第一。宁都县的“宁品都珍”，于都县的“于都硒”、会昌县的“独好会昌”品牌影响力持续扩大。市本级安排财政资金200万元用于赣南富硒品牌宣传，通过冠名赣深高铁列车，在北京和赣州城市机场、高铁站等重点区域投放广告等形式，提高赣南富硒品牌知名度。

十是科技支撑坚实。江西省富硒产品监督检验中心顺利通过验收，正在同步创建国家级检验检测中心，建成赣州市富硒农业与产品开发技术创新中心。为破解富硒产业发展技术瓶颈难题，与中国科学技术大学苏州研究院、武汉轻工大学、江西农业大学、江西省农业科学院等建立了合作关系。

二、赣州市硒产业发展指数的结果与分析

根据赣州市富硒产业发展办公室提供的资料得出：

（一）产值指数的结果与分析

表 3－5 显示，赣州市 2022 年的硒农业、硒工业产值比 2021 年分别增长了 21.58％、31.44％，硒产业总产值增长 22.26％，发展势头相当不错，但硒服务业产值表现为负增长，应该是与 2022 年新冠疫情的反复有关系。从硒产业内部的三次产业结构看，赣州市硒产业中的硒农业比重在 82％以上，二、三产业发展潜力巨大，第三产业发展基础不扎实，占比太低，发展速度不稳定。

表 3－5　2021—2022 年赣州市硒产业发展的产值指数计算

单位：亿元，％

指标	2021 年	2022 年	指数值
硒产业总产值	80.83	98.82	122.26
硒农业产值	66.91	81.35	121.58
硒工业产值	10.91	14.34	131.44
硒服务业产值	2.73	2.59	94.87
硒研发投入	0.28	0.54	194.85

（二）关联指数的结果与分析

表 3-6　2021—2022 年赣州市硒产业发展的关联指数计算

指标	2021 年	2022 年
硒产业总产值（亿元）	80.83	98.82
地区生产总值（亿元）	4 169.40	4 523.60
硒产业总产值/地区生产总值	0.019 4	0.021 8
关联指数（%）		112.46

表 3-6 显示，赣州市的硒产业总产值与地区生产总值的比值很低，且该比值的年度进展仅为 12.46%，在推进硒产业发展过程中，要大力推进硒工业、硒服务业的发展，高度重视硒产业对区域经济的促进作用。

（三）科技创新指数的结果与分析

表 3-7　2021—2022 年赣州市硒产业发展的科技创新指数计算

指标	2021 年	2022 年
硒研发投入（亿元）	0.28	0.54
创新指数（%）		194.85
研发投入占总产值比（%）	0.34	0.55

表 3-7 显示，赣州市 2022 年对硒产业的研发投入增幅较大，为 94.85%，使得研发投入占硒产业总产值的比例从 2021 年的 0.34 增加到 0.55，但研发投入的比重还是远低于 1%，加大科技投入仍然任重道远。

（四）品牌价值指数的结果与分析

统计了 43 个涉硒的区域品牌、产品品牌（如岭南家禾、赣南稀柚、虎娃稻等）在2021—2022年的价值变化，因为这些品牌为数较多，单个品牌的价值较低，逐一核算意义不大，这里将43个涉硒品牌在2021—2022年的总价值变化作为全市涉硒品牌价值指数计算的依据，2021年，由第三方评估和企业自我评估，估算这些品牌的价值总额为29.88亿元，2022年的价值总额为31.42亿元。品牌价值指数为105.14，品牌价值提升很少。

第四节　五个重点县的硒产业发展

江西省的硒产业以宜春、赣州两市为主体，此外，江西省农业农村厅确定上饶市玉山县、萍乡市莲花县和芦溪县、吉安市万安县、安福县为省级硒产业发展的重点县。本次中国硒指数研究将其纳入研究范围，其中吉安市两县的数据没有分开，故吉安市以整体进行表述，其他三县独立表述。

一、产值指数结果与分析

表3-8是2021—2022年吉安市和其他三县硒农业、硒工业、硒产业总产值指数的计算结果。由于尚处于产业发展的起步阶段，三个县没有硒服务业的数据统计，莲花、芦溪两县没有硒工业的数据。

表 3-8　2021—2022 年吉安市和其他三县硒产业发展的产值指数

地区	2021 年	2022 年	指数值（%）
硒农业产值（亿元）			
吉安市	35.60	42.29	118.79
莲花县	1.81	1.64	91
玉山县	5.33	6.25	117.35
芦溪县	4.68	5.42	115.7
硒工业产值（亿元）			
吉安市	3.62	3.53	97.67
莲花县			
玉山县	0.79	0.92	117.64
芦溪县			
硒服务业产值（亿元）			
吉安市	0.39	0.45	115.34
莲花县			
玉山县			
芦溪县			
硒产业总产值（亿元）			
吉安市	39.61	46.27	116.81
莲花县	1.81	1.64	91
玉山县	6.11	7.17	117.39
芦溪县	4.68	5.42	115.7

吉安市两县的硒产业规模较大，且以硒农业为主，硒工业和服务业已经开始起步，产业链趋向完整。2022 年硒农业、硒服务业比 2021 年增长 18.79%、15.32%，硒

工业减少 2.33%，硒产业总产值增长 16.81%。现阶段其他三个县的硒产业还处在硒农业阶段，玉山县的规模较大，为 7.17 亿元，且硒工业已经开始起步，产值已接近亿元，发展速度也是三县之中最快的，年增幅达到 17.35%。莲花县不仅规模较小，且 2022 年产值表现为负增长，说明产业发展的基础较薄弱、稳定性较差。

二、其他指数的结果与分析

吉安市两县的硒产业关联指数的结果如表 3－9 所示。

表 3－9　2021—2022 年吉安市关联指数

指标	2021 年	2022 年
硒产业总产值（亿元）	39.61	46.27
地区生产总值（亿元）	192.30	210.90
硒产业总产值/地区生产总值	0.206 0	0.219 4
关联指数（%）		106.51

可见吉安市两县的硒产业贡献较大，硒产业总产值与地区生产总值的比例达到了 0.2 的水平，且 2022 年硒产业的重要性不断上升。其他三县的这种关联明显偏弱，故没有计算关联指数。

吉安两县的研发投入较小，其他三县在科技研发投入方面没有进行统计，故没有计算科技创新指数。吉安的安福和莲花、芦溪两县对涉硒产品品牌进行了调查和价值估算。由于单一品牌的价值不高，所以也采取了对县域内所有产品品牌的价值估算进行汇总的办法评估品牌建设的进展情况。表 3-10 是安福、莲花、芦溪涉硒品牌的价值估算的结果，安福包括 14 个品牌，莲花县是 9 个品牌，芦溪县是 13 个品牌。

表 3-10 2021—2022 年安福、莲花、芦溪硒产业发展的品牌价值指数

县名	品牌价值（亿元）		指数值（%）
	2021 年	2022 年	
安福	0.045 6	0.053 1	116.45
莲花	1.69	1.55	91.72
芦溪	5.03	5.87	116.70

莲花县的涉硒品牌价值在 2022 年度有所下降，这与该县硒产业的产值指数的表现相似。安福县、芦溪县的涉硒品牌价值的年增幅达到 16.45%、16.70%。总的来说，这几个地区涉硒品牌的价值都较低。

第五节 基于两市五县的江西省硒产业发展指数

作为一种不完全的统计，我们将赣州、宜春两市和吉安市的两个县以及玉山、芦溪、莲花三县的硒产业的产值数据汇总，作为江西全省硒产业发展产值指数的数据来源，可以对江西全省硒产业发展的总体态势进行初步评估。

表 3-11　2021—2022 年基于两市五县的江西硒产业产值指数

指标	2021 年	2022 年	指数（%）
硒产业总产值（亿元）	557.94	770.68	138.13
硒农业产值（亿元）	309.52	350.32	113.18
硒工业产值（亿元）	150.02	198.49	132.31
硒服务业产值（亿元）	97.39	220.42	226.32
硒研发投入（亿元）	1.017 5	1.449 8	142.48

数据显示，以上述两市五县不完全统计的江西省富硒产业在 2022 年获得了较快的发展，总产值的年增长接近 40%，达到 770.68 亿元，且发展速度呈现三产＞二产＞一产的趋势，三次产业的结构趋向优化。

第四章　陕西省安康市硒产业发展研究

第一节　概　　述

安康位于陕西省东南部，秦巴汉水间，总面积 2.35 万平方千米。辖 1 区 8 县 1 市，总人口 305 万。安康市目前资料显示天然富硒土壤覆盖地区最广，是硒含量地层最厚、最适合开发利用的富硒资源区。全域土壤的 54.2% 达到中硒（0.2 毫克/千克）水平。近年来，市委、市政府立足资源优势和生态优势，围绕富硒茶、水、魔芋、生猪、水产、核桃六大富硒产业，全产业链推动富硒产业融合发展，连续多年保持 30%以上的高速增长。

一、基地建设不断夯实

安康市坚持“育良种、建基地、抓龙头、创品牌、强科技”的发展理念，把园区建设作为强基础、扩规模的突破口，推动资源集约、产业聚集、循环发展。目前，全市培育现代（富硒）农业园区 1 708 个，培育产业联合体 66

家，产业联盟35个，产业联合社93个，发展各类合作社7 222个，家庭农场3 880家，带动22.8万农户稳定增收。创建生态富硒循环农业示范镇12个，汉滨、平利成为国家现代农业示范区。

二、龙头引领不断增强

通过政策引领、优化环境、搭建平台、金融创新等措施，全力支持各类富硒企业做大做强，引领产业发展。目前全市培育规模以上的富硒产品加工企业255家，建立工业加工园15个。富硒茶年产量达1.3万吨，富硒水年产量达300万吨。安康国家级高新区被工信部认定为全国首个国家新型工业化富硒食品产业示范基地。

三、融合发展初显成效

按照“一产奠基、二产支撑、三产引领”的策略，大力实施“硒＋X”战略，推进富硒产业与休闲旅游、健康养生等产业深度融合，培育“汉江画廊”“茶歌紫阳”“女娲故里、茶香平利”“画里瀛湖、梦中水乡”“硒有岚皋”等茶乡精品旅游线路，打造茶旅融合示范镇23个，开发富硒全鱼宴、富硒蘑菇宴等多个安康美食品牌，打造休闲旅游示范基地6个，建成富硒茶城、安康富硒产品一条街，融合发展格局基本形成。

四、科研实力显著增强

依托中国科学院、中国农科院、中国药科大学、西安交通大学、省科技资源统筹中心等科研机构和高校，充分发挥富硒产品研发中心、秦巴众创空间等平台作用，以富硒产业基础研究为重点，推动实施一批关键技术攻关。培育富硒产业科技型企业 35 家，高新技术企业 11 家。开发富硒茶、富硒水等新产品 300 多个。其中，中国农科院指导开发了“紫阳富硒茶·硒香茶”新产品，使采茶期延长到 6 个月。复制研发出世界上最早的茶——秦汉古茶，为陕西茶文化和茶产业的发展注入新活力。

五、标准体系逐步完善

制定修订《安康富硒茶》《天然富硒大米》等地方标准、团体标准 52 项，企业标准 100 多项。《富硒猪肉》标准成为中国肉类协会的团体标准，《安康市富硒食品硒含量分类标准》上升为陕西省地方标准，并获得省科技进步成果奖。

六、品牌影响不断扩大

精心打造“中国硒谷·生态安康”的区域形象。扎实开展区域公用品牌的整合工作，2018 年成功注册“安康富硒茶”地理标志证明商标，已有 100 多家企业使用该区域品牌，入选中国农业品牌目录，连续 3 年在中国茶叶区域公用品牌价值评估中位列百强榜第 20 位、陕西省第 1 位。

第二节　安康市硒产业发展指数的结果与分析

一、产值指数的结果与分析

根据安康市富硒产业发展办公室提供的数据，安康市 2020—2022 年硒产业产值的统计结果及 2021 年和 2022 年两年的环比增长指数的计算结果列于表 4－1。

表 4－1　2020—2022 年安康市硒产业发展的产值指数

单位：亿元，%

指标	产值			指数值	
	2020 年	2021 年	2022 年	2021 年	2022 年
硒产业总产值	650.00	750.30	829.23	115.38	110.52
硒农业产值	151.00	169.00	216.00	111.92	127.81
硒工业产值	451.01	509.20	482.32	112.90	94.72
硒服务业产值	47.99	71.80	130.67	149.61	181.99
硒研发投入		0.298 0	0.240 8		80.81

2020 年以来，安康市硒产业的总体规模一直保持在全国地级市前列，三年连续跨过 600 亿、700 亿、800 亿元的关口，尤其是硒食品加工业的成绩最为突出，在硒产业结构中，实现了二产超过一产，达到一产的 2 倍以上。2022 年，硒产业总产值的年增幅保持在 10%以上，以养生旅游为重点的硒服务业产值取得了 81.99%的年增幅，

硒农业产值的增幅为27.81%，但硒工业产值的增长为负数，这是值得关注的新问题。

二、关联指数的结果与分析

关联指数是用来表达区域硒产业的规模与当地地区生产总值之间的关联性的动态变化。表4－2给出了安康市2020年以来硒产业总产值与地区生产总值的比例。

表4－2　安康市2020—2022年硒产业总产值与关联指数

指标	2020年	2021年	2022年
硒产业总产值（亿元）	650.00	750.30	829.23
地区生产总值（亿元）	1 088.78	1 209.49	1 268.65
硒产业总产值/地区生产总值	0.60	0.62	0.65
关联指数		103.87	105.49

可以看出，安康市硒产业对地区经济总量的影响较大，2020年以来的硒产业总产值与地区生产总值的比例在0.60～0.65之间，逐年有所增加，年增幅也是逐年扩大，表明安康市把硒产业作为“立市之业”，非常符合当地的产业现状和发展方向。

三、科技创新指数的结果与分析

采用研发投入为考察指标，代表一个区域的科技创新能力。2021—2022年安康市在硒产业领域的研发投入情况见表4－3。

表 4-3　安康市 2020—2022 年硒产业科技创新指数

指标	2021 年	2022 年	指数值（%）
硒研发投入（亿元）	0.298 0	0.240 8	80.81
占硒产业总产值比（%）	0.039 7	0.029 0	

数据表明，安康市 2022 年在硒研发上的投入比 2021 年减少了 500 多万元，减少近 20%，这也许能够部分解释 2022 年硒工业产值为负增长的现象。研发投入占硒产业总产值的比例也是远低于 1%。建议地方政府在支持硒产业发展时，要下大力气解决研发投入不足的问题，拿出更多的资金，夯实科技创新基础地位。

四、品牌价值指数的结果与分析

根据浙江大学中国农业品牌研究中心发布的《中国茶叶区域公共品牌价值研究报告》，安康市的“安康富硒茶”在百强榜上保持靠前位置，2020 年以来的品牌价值估算结果见表 4-4。

表 4-4　2020—2022 年“安康富硒茶”品牌价值及其指数

指标	2020 年	2021 年	2022 年
品牌价值（亿元）	29.94	35.16	39.60
指数值（%）		117.43	112.63

以“安康富硒茶”为代表的安康市硒产业的品牌价值在持续提升，说明政府主导的品牌整合效果正在显现，品牌的影响力和竞争力得到了明显提升。

第五章　湖南省硒产业发展研究

第一节　概　　述

经过多年积累，湖南省富硒产业发展有以下优势：

富硒资源丰富。湖南地处中国中部，地质构造复杂，土壤中富含硒元素。境内有大量的富硒矿产资源，包括硒矿石、硒砂、硒精矿等。

富硒农产品种类多样。湖南省的农产品中，有许多富含硒元素的农产品，如富硒大米、富硒茶叶、富硒蔬菜等。

富硒产业链完善。湖南省在富硒产业方面建立了完善的产业链。从硒矿资源的开采、加工到富硒农产品的种植、加工，再到富硒产品的销售和推广，形成了一个完整的产业链条。这为湖南富硒产业的发展提供了良好的基础。

富硒产业发展成效显著。湖南省在富硒产业方面取得了显著的成效，富硒农产品的产量和销售额逐年增长，富硒产品的知名度和市场份额也在不断提高。湖南省还积极开展富硒产品的宣传推广活动，加强与其他地区的合作交流，提升富硒产业的影响力和竞争力。

富硒产业对地方经济的贡献。湖南富硒产业的发展对地方经济起到了积极的推动作用，富硒产业的发展带动了相关产业的发展，促进了农民增收和农村经济的发展。同时，富硒产品的销售也为湖南省带来了可观的经济收入。

总体而言，湖南富硒产业发展取得了较好的成绩，富硒资源的丰富和产业链的完善为湖南富硒产业的发展提供了有利条件。随着人们对健康和营养需求的增加，富硒产业有望继续发展壮大。

第二节 湖南省硒产业发展指数的结果与分析

根据湖南省富硒生物产业协会提供的统计资料显示，湖南省富硒产业主要集中在桃源、新田、慈利、江永、汝城等县，表 5－1 给出了基于上述 5 县的硒产业产值统计及指数计算结果（暂缺硒服务业数据）。

表 5－1　2021—2022 年湖南省硒产业的产值指数

指标	2021 年	2022 年	指数（%）
硒产业总产值（亿元）	375.35	517.34	137.83
硒农业产值（亿元）	79.30	87.28	110.07
硒工业产值（亿元）	296.00	430.00	145.27
硒服务业产值（亿元）			

湖南省的硒工业产值，主要不是富硒食品加工业的产值，而是涉硒的肥料、饲料、其他工业原料的产值。我们重点关注硒农业的增长情况。2022 年基于 5 县的湖南省硒农业产值增长 10.07%，属于稳定增长类型。

第三节　桃源县硒产业发展

一、概述

桃源县地处湘西北，与益阳、怀化、张家界 3 市接壤，因千古名胜桃花源而得名，自古有“人间仙境、世外桃源”之美誉，总面积 4 442 平方千米，辖 28 个乡镇（街道）、413 个村（居），总人口 98.8 万人，境内有汉、维吾尔、回、土家、苗、侗等 31 个民族，是革命老区县、国家生态文明建设示范县、国家农产品质量安全县、全省全面小康推进工作“十快进县”，先后获得国家卫生县城、省级文明县城等称号。桃源县资源富饶，物产丰富。全县有耕地面积 144.8 万亩，林地面积 407.9 万亩，桃源红茶、桃源大种鸡、桃源黑猪等独特资源享誉海内外，是全国粮食生产先进县、全国油料生产大县、全国生猪调出大县、中国优质果品基地县、中国竹子之乡、中国十大富硒之乡。

（一）全县硒资源状况

据中国科学院地理科学与资源研究所出具的《桃源县

硒资源调查研究报告》证实，桃源县天然硒资源丰富，在已查清占63%的国土面积中，>0.4毫克/千克的富硒土壤占全县总面积的50%，达330万亩；>1.0毫克/千克的高硒土壤呈条带状或者点状分布在牛车河、钟家铺、理公港、观音寺、陬市、茶庵铺、沙坪等地，占全县总面积的3%，约20多万亩。全县土壤硒含量算术平均值0.73毫克/千克，远高于世界中位值0.4毫克/千克和中国平均值0.29毫克/千克。桃源县是一个难得的长寿（每10万人中百岁老人达19.7人）。桃源县富硒面积之广、品位之高，国内罕见。

（二）2022年硒产业发展概况

2022年，在桃源县委、县政府的正确领导和精密部署下，各级各部门共同努力、奋发有为，富硒产业工作取得积极进展。

产业规模持续扩大。全县各乡镇、基地根据自身条件特点，采取“一类富硒产品建设一个基地，一个基地连接一批同业农户，一批同业农户建立一个专业合作组织，一个专业合作组织挂靠一个骨干企业，一个骨干企业对接一群实力商家”的模式，因地制宜发展“一村一品”“一乡一业”，着力构建以稻米、茶叶、功能油品、畜禽、果蔬等为重点的“1+2+N”富硒产业体系。截至目前，全县已有28个乡镇（街道）、278个村、54 817个农户投入富硒产品开发，共建基地81个，其中生产和加工基地51

个，试验示范基地30个，发展富硒作物种植面积65.135万亩，生产富硒产品26类、85种、225款，年产量达22.263万吨，全年实现销售收入66.217亿元，利润5.321亿元，助农增收4.035亿元（表5-2）。

表5-2　桃源县富硒功能农业历年经济效益汇总

年份	种植面积（万亩）	产量（万吨）	销售收入（亿元）	新增利润（亿元）	农民增收（亿元）
2013	8.044	4.883	2.712	0.509	0.567
2014	13.551	4.638	4.334	0.690	0.564
2015	16.437	4.322	6.236	0.817	0.993
2016	16.329	4.507	10.297	1.487	1.771
2017	28.674	11.182	25.878	2.247	2.359
2018	41.223	12.472	33.891	2.406	2.697
2019	48.100	15.640	41.030	2.820	3.120
2020	55.301	18.363	50.273	4.351	3.116
2021	60.216	20.175	58.216	4.815	3.742
2022	65.135	22.263	66.217	5.321	4.035

产品质检日趋严格。各富硒基地、企业严格执行国家和地方相关标准，按照统一规划、统一施肥、统一防病、统一技术、统一质量的“五统一”要求，实行规范化生产，严把产品质量关，做到硒含量达标、有害物质残留不超标，未达标的产品坚决不出厂、不上市。湖南省硒产品质量监督检验中心、桃源县市场监督管理局、桃源县

农业农村局等部门大力开展抽检、委检工作，对产品的产地环境、硒含量、农残、重金属及外包装等进行全方面检测。同时，县富硒办与县富硒产业协会组建联合工作组，加强检查指导，严格准入制度，把好基地“进出”关。

科技推广成效显著。在中科院桃源实验站和县农业农村局、县老科协、县富硒产品研究所等单位的专家的技术指导下，大力开展富硒稻油组装配套高产栽培技术的示范推广工作，通过集中培训、现场观摩等方式，不断提高生产经营水平。近两年，桃源县在青林、漳江、陬市、架桥等地建成了 8 000 多亩的示范基地，辐射带动 2 万多亩，助力农民增产增收，该技术已被湖南省科技厅纳入省重点研发计划项目，并在 CCTV－17 频道作过专题报道。同时，桃源县还持续加强了油茶增硒技术、水稻降镉技术、多矿物质营养农产品的研发与推广工作，深化与各科研院校的技术交流、成果转化，不断提高桃源富硒产品的附加值和竞争力。2022 年，全县各基地共获得专利 75 项，其中发明专利 17 项、实用新型专利 51 项、外观设计专利 7 项。

宣传工作有序推进。受新冠疫情等多方面因素影响，桃源近年来没有举办大型的富硒农产品宣传推介活动。9 月，利用湖南省民族团结进步创建工作现场推进会在桃源召开的时机，桃源县在枫林花海景区进行富硒农产品展示，受到了省、市领导和与会人员的好评。9月底，2022年中国农民丰收节（湖南分会场）在嘉禾县召开，桃源县积极参加，进一步宣传桃源富硒品牌，推介桃源富硒产品。7月，桃源县“2112”科学补硒工程社区示范在渔父祠社区启动，同时在社区内开设了一家“硒湘汇”富硒健康食品展示体验营销示范店，打开了科普宣传与产品营销的双赢局面。

行业影响稳步提升。近几年，桃源富硒功能农业的发展始终位居全国前列，吸引了甘肃嘉峪关、安徽石台等多个富硒发展地区前来交流考察。11月，桃源县组织优质富硒农产品参加了第七届世界硒都（恩施）硒博会，共有龙凤米业、爱来米业、博邦油脂、泰香米业、万阳山皇菊等5款产品获得“名优硒产品”奖项。

二、桃源县硒产业发展的产值指数

桃源县硒产业发展以硒农业为主，没有对硒工业、服务业进行统计。有关数据由桃源县富硒农业领导小组办公室提供。见表5-3。

表5-3　2021—2022年桃源县富硒农业主要产品产值及其指数

单位：万亩，万吨，亿元

产品	2021年			2022年			指数（%）		
	面积	产量	产值	面积	产量	产值	面积	产量	产值
富硒大米	23.67	10.07	20.27	25.75	10.72	23.05	108.79	106.45	113.71

（续）

产品	2021年			2022年			指数（%）		
	面积	产量	产值	面积	产量	产值	面积	产量	产值
富硒油料	27.64	2.33	17.90	29.56	2.57	21.31	106.95	110.30	119.05
富硒茶叶	4.25	3.00	16.56	4.76	3.52	17.54	112.00	117.33	105.92
小计（平均）	55.56	15.40	54.73	60.07	16.81	61.90	108.12	109.58	113.10
富硒农业总计	60.22	20.18	58.22	65.14	22.26	66.22	108.17	110.31	113.74

可见桃源县的富硒农业是富硒大米、富硒油料（油茶）、富硒茶叶三足鼎立。2022年这三种作物的面积、产量、产值都有一定的增长，年增幅在10%左右。面积以茶叶的增幅最大，但产值以油茶的增幅最大。

第六章　广西壮族自治区硒产业发展研究

第一节　概　　述

2021—2022 年，广西通过加强规划引领、加深示范带动、加快基地建设、加大研发力度、强化品牌创建和开展宣传培训等措施，着力推动富硒农业高质量发展，取得了显著成效。

一、2021 年富硒农业发展成效

2021 年广西全区富硒农产品开发面积达 103.4 万亩，产量 87.21 万吨，富硒产业综合产值达 100.13 亿元，新认定富硒农产品 68 个，获得区内外名优富硒农产品称号 27 个，其中评选出广西名优富硒产品 10 个。全区共发动 530 多家企业（农民专业合作社）参与富硒农产品开发，带动 10 万多农户发展。

（1）富硒农业发展迈向新征程。自治区党委、政府在《广西壮族自治区国民经济和社会发展第十四个五年规划

和 2035 年远景目标纲要》中提出，要大力发展富硒农业，打好广西“富硒牌”。自治区农业农村厅将富硒农业列入广西“10＋3＋N”现代特色农业产业重点发展；自治区发改委在《广西特色产业做强做优总体方案》等文件中提出发展富硒米。广西还印发了《广西富硒农业发展“十四五”规划》，这些规划的发布实施，推动全区富硒农业高质量发展迈向新征程。

（2）富硒资源调查实现新突破。到 2021 年底已完成的 99 个县（市、区）调查结果表明，全区共发现富硒土壤面积 1.14 亿亩，圈定绿色富硒耕地 1 140 万亩，为全国首位。

（3）富硒开发面积迈上新台阶。富硒农产品生产基地面积达 103.4 万亩，富硒产业规模首次迈上百万亩台阶。

（4）富硒区域发展呈现新格局。2021 年玉林市富硒农产品开发面积达 25 万亩，博白县被评为“全国富硒农业示范基地”，福绵区荣获“首届全国硒资源变硒产业十佳地区”称号。玉林市成为继贵港市、钦州市之后富硒产业迅速发展的地区。自治区富硒农业发展呈现出三头并进、多点开花的新格局。

（5）富硒品牌建设取得新突破。2021 年新认定富硒农产品 68 个，累计认定富硒农产品 517 个。2021 年广西富硒农产品开发办公室联合广西富硒农业研究中心、广西富硒农产品协会等单位开展广西名优富硒产品评选活动，经过专家评审委员会评审，按得分高低顺序排名，经过激烈角逐，最终“农贝贝”牌富硒鸡蛋、“仁东”牌富硒香蒜、“和豊和”牌富硒鸡等10款富硒农产品获得了“广西名优富硒产品”称号。同时，广西积极组织富硒产品参加区外名优产品评选，有3个产品获得第七届硒博会“最具市场影响力名优硒产品”“最具发展潜力名优硒产品”等称号，进一步提升了广西富硒品牌影响力。

二、2022年富硒农业发展成效

2022年，广西进一步发力，发动670多家企业（农民专业合作社）参与富硒农产品开发，并通过实施《广西优势特色农产品富硒增产提质增效技术示范》项目示范带动，来提升广西富硒农产品品质和经济效益，实现增产增收、提质增效，让富硒农业成为乡村振兴的重要抓手和现代特色农业发展的重点产业之一。

2022年，广西共建立富硒农产品生产基地530多个，开发面积达124.58万亩，同比增长20.48%；产量101.22万吨，同比增长16.1%，综合产值118.3亿元，同比增长18.1%，带动10万多农户户均增收3 000元。广西16家企业20款富硒农产品荣获“中国富硒好产品”称号。其中有8个产品荣获“中国富硒好米”称号、2个产品荣获“中国富硒好杂粮”称号、10款产品荣获“中国富硒好茶”称号。广西富硒品牌建设工作有较大进展，富硒农产品认定工作走在全国前列。

（一）在扩大产业规模上出实招

2022年，自治区农业农村厅办公室印发了《2022年广西推动富硒农业高质量发展工作方案的通知》，部署全年富硒农业工作，并下达指导性任务到各市。组织专家指导组到各地指导富硒农产品生产，加快富硒农产品基地建设，扩大基地规模。除了富硒米、富硒水果、富硒茶叶三大产品外，富硒鸡蛋、富硒海鸭蛋、富硒大蚝、富硒鱼、富硒蔬菜、富硒食用菌、富硒中药材等富硒农产品开发也迅猛发展，基本形成了桂东南富硒粮油、桂北富硒水果、北部湾富硒水产品等三个富硒产品集中区。

（二）在推动品牌建设上见成效

一是积极开展富硒农产品认定。广西持续打造了“桂系”富硒品牌，已基本形成了富硒品牌矩阵。2022年，广西新认定富硒农产品70个，全区累计认定富硒农产品587个。二是区域公共品牌逐步打响。指导玉林市福绵区成立富硒农产品协会，进一步推动“岭南硒谷”区域公共品牌建设；支持贵港全力打造“中国富硒小龙虾之乡”，区域品牌效益逐渐凸显。三是积极组织富硒企业参与中国—东盟博览会、恩施硒博会等活动，展示展销广西优质富硒农产品。四是与“三品一标”、圳品、香港正印产品等结合起来，形成富硒农产品生产与其他名优特色产品生产融合发展的良好氛围，实行多证加持、优势叠加的名品效应，多举措擦亮广西“富硒牌”，助力富硒农业提档升级。

（三）在促进融合发展上布好局

广西将富硒农业与健康养生、旅游休闲等产业结合，推进一二三产业融合发展。如贵港市在发展大宗优势富硒米、茶、果蔬等农产品的基础上，继续向水产领域拓展延伸，成功打造“中国富硒小龙虾之乡”，成品富硒小龙虾产值达7亿元以上，并通过“稻虾养殖＋乡村旅游”，促进一二三产业融合，打通小龙虾及高品质生态稻米全产业链，带动加工、物流、仓储、休闲观光、旅游等相关产业发展，综合效益显著。又如广西葵峰富硒生态农业开发有限公司采用“村集体＋公司＋农户”合作模式，以富硒茶为主导产业，积极打造“兴业茶”特色小镇，构建富硒特色产业生态圈，并延伸发展成“兴业茶”特色小镇＋“兴业茶”田园综合体综合示范区，实现了一二三产业融合发展，取得了显著效益，富硒茶每年收入预计可达2亿元。

（四）在深化提质增产上显效益

广西组织实施《广西特色农产品富硒提质增产增效技术示范》项目，开展富硒水稻、茶园、柑橘、罗汉果、芒果小区试验30个，并在全区38个县（市、区）建设富硒水稻、茶叶、水果、畜禽、水产等农产品富硒增产提质增效示范基地125个，示范面积达2万亩。结果表明采用富硒生产技术后，水稻增产5%～10%，硒含量增加20%以上，每亩增收700元以上。龙胜县开发的富硒罗汉果，大果、特果率提高20%，甜甙含量高，一级果收购价比普通罗汉果高0.2元/千克以上，每亩增收1 800元以上，有效推进乡村振兴。“广西富硒农产品开发技术研究与示范”项目获得广西农牧渔业丰收奖一等奖。

（五）在挖掘富硒文化上下工夫

广西积极挖掘富硒文化，讲述富硒长寿故事，提高富硒产业的感召力和吸引力。利用玉林市福绵区打造“岭南硒谷”田园综合体的契机，在硒科普馆的基础上打造广西硒资源利用示范窗口，科普科学补硒知识，宣传广西硒资源情况，吸引更多的人关注富硒农业，购买富硒农产品。广西富硒农产品开发办公室历时三年编写了《富硒故事》，主要讲述了有关硒的历史传说，硒与健康长寿，富硒美食、富硒人的故事等，深入挖掘广西硒的历史文化，推动富硒产业发展。

第二节　广西硒产业发展指数的结果与分析

一、产值指数

广西在硒产业的统计上一直坚持只统计经过富硒认证的产品的办法，现阶段只开展了对富硒农业的统计。

根据广西富硒农产品开发办公室提供的数据，2021—2022 年广西发展的主要富硒农产品和富硒农业的整体情况见表 6-1。

表 6-1　2021—2022 年广西富硒农业主要产品产值及其指数

单位：万亩，万吨，亿元

产品	2021 年			2022 年			指数（%）		
	面积	产量	产值	面积	产量	产值	面积	产量	产值
富硒大米	51.7	21.71	34.74	68.3	28.28	45.24	132.11	130.22	130.22
富硒花生	3.1	0.47	2.33	4.6	0.69	3.52	148.39	148.39	151.35
富硒芋头	2.1	3.15	2.52	3.8	5.70	4.62	180.95	180.95	183.21
富硒食用菌	3.1	0.93	0.88	2.6	0.78	0.88	83.87	83.87	100.00
富硒茶叶	10.3	1.20	9.60	12.5	1.20	10.32	121.36	100.00	107.50
富硒水果	22.7	36.32	14.53	26.4	42.24	16.90	116.30	116.30	116.30
富硒罗汉果	0.6	0.35	2.30	0.8	0.35	2.30	125.00	100.00	100.00
富硒小龙虾	5.0	0.90	5.40	1.2	2.16	12.96	240.00	240.00	240.00
富硒鸡蛋		2.00	5.60		2.90	8.12		145.00	145.00
小计	98.6	67.03	77.90	120.20	84.30	104.86	127.08	125.76	134.61
总计	103.45	87.21	100.13	124.68	101.22	118.30	120.52	116.06	118.15

2022 年广西主要富硒农产品的基地面积扩大了 27.08%，超过 100 万亩。其中以富硒小龙虾的养殖面积增长最多，由 2021 年的 5 万亩扩大到 12 万亩。面积、产量及产值规模较大的是富硒大米和水果，在 2022 年都有一定的增幅，富硒大米年增幅在 30%以上，九类富硒农

产品的总产值达到104.85亿元，占整个富硒农业的比例接近90%。2022年富硒农业的面积、产量、产值比2021年分别增加20.52%、16.06%、18.15%。

二、品牌指数

广西富硒农业的品牌主要有“永新猪肉”“力拓大米”“鸿丰米业”等，单个品牌价值都偏小，故采用汇总计算总价值的办法，纳入统计的共10个品牌，涉及猪肉、大米、茶叶、水果等产品类别，结果见表6-2。

表6-2　2021—2022年广西富硒农业的品牌价值指数

指标	2021年	2022年
品牌价值总和（亿元）	11.42	17.85
品牌价值指数（%）		156.30

尽管单个品牌的价值不算大，但全区富硒农产品品牌的价值提升还是较快的，年增幅超过50%。发展势头良好，值得期待。

第三节　贵港市硒产业发展

一、概述

贵港市地处广西东南部，位于广西最大的平原——浔郁冲积平原，北归线贯穿全境，地势平坦，雨量充沛，日照充足，是广西重要的粮仓和著名的鱼米之乡。经调查，贵港市硒含量高于0.4毫克/千克的土壤面积达3 859平方千米，平均硒含量0.68毫克/千克，玉米、花生和黄豆富硒达标率100%，水稻88.85%，是国内知名的“中国生态硒港”。

全市共创建富硒农产品生产基地134个，基地总面积达60万亩，覆盖水稻、茶叶、水果、水产等多个品类。曾连续四年举办广西贵港富硒交易会。贵港的富硒产品多次在国内外获得“名优特色硒产品”“中国富硒好茶”“中国富硒好米”“消费者信赖的富硒农产品品牌”等称号。贵港市被评为“全国富硒农业示范基地”“富硒功能农业国际合作推广示范基地”“首届全国硒资源变硒产业十佳地区”等荣誉。

二、贵港市硒产业发展产值指数的结果与分析

贵港市的硒产业只做了富硒农业的统计，只计入经过富硒认证的富硒农产品，富硒农业的产值等于硒产业的总产值（表6-3）。

表6-3　2021—2022年贵港市富硒农业主要产品产值及其指数

单位：万亩，万吨，亿元

产品	2021年			2022年			指数（%）		
	面积	产量	产值	面积	产量	产值	面积	产量	产值
富硒大米	40.24	12.15	11.79	40.34	12.31	11.94	100.25	101.32	101.27
富硒茶叶	1.30	0.08	6.48	1.50	0.08	6.72	115.38	100.00	103.70

（续）

产品	2021年			2022年			指数（%）		
	面积	产量	产值	面积	产量	产值	面积	产量	产值
富硒水果	13.90	5.73	8.60	13.70	6.49	9.73	98.56	113.26	113.14
硒药材	2.50	1.35	4.05	3.32	1.43	4.29	132.80	105.93	105.93
富硒小龙虾	6万尾	0.25	0.57	10万尾	0.35	0.76	166.67	140.00	133.33
富硒农业总计	60.28	21.20	32.92	64.77	22.31	34.89	107.45	105.24	105.98

贵港市的富硒大米和富硒水果是富硒农业中的主要类别，2022年的种植面积基本稳定，水果面积略降，产量和产值都有所上升，产值指数分别为101.27、113.14。发展最快的是富硒小龙虾，养殖规模增长了66.67%，产值增长了33.33%。富硒农业的总产值增长5.98%。富硒药材是贵港的一个特色，2022年面积增长了32.80%，产值增长5.93%。不难看到，贵港市富硒产品中，富硒水果的经济效益最好。

第四节　钦州市硒产业发展

一、概述

钦州市农业气候资源优越，是我国唯一靠山沿海沿边连片的富硒土壤区域，具有分布面积大、硒含量高等特点，为钦州市的富硒油料作物种植提供了宝贵的资源条件。近两年，钦州市从事富硒农产品开发企业（合作社）50 家，富硒农产品生产基地 53 个，富硒农产品开发面积 42.49 万亩，产量 50.68 万吨，产值 28.53 亿元，覆盖了富硒大米、富硒红衣花生、富硒荔枝、富硒百香果、富硒茶叶、富硒红椎菌、富硒大蚝等一系列优质特色农产品，9 个富硒农产品获得自治区富硒认证。钦州市荣获“全国富硒农业示范基地”1 个、“中国富硒好杂粮”1 个、“中国富硒好茶”1 个、“广西名优农产品”3 个，“富硒农产品推广示范单位”1 家、县级富硒农业示范区 2 个。主要经验和做法如下：

（1）摸清产业家底，做好产业规划。根据土壤硒背景值调查统计，钦州市富硒土壤面积 278 万亩，占全市耕地面积的 86.8%，土壤最高硒含量 3.53 毫克/千克，最低硒含量 0.057 毫克/千克，平均硒含量 0.58 毫克/千克，高于世界土壤硒中位值（0.4 毫克/千克），高于中国土壤硒含量平均值（0.29 毫克/千克），高含量硒是富硒区内土壤中的原生物质，具有开发的持久性。2021 年编制印发了《钦州市富硒农业发展规划（2021—2025 年）》。

（2）加大政策支持，共推产业品牌化。充分发挥特色资源优势，县市两级出台了一系列奖励性政策，重点培育一批富硒农产品品牌。积极组织相关企业参加国家级、自治区级的优质富硒农产品评比，多个富硒农产品斩获嘉奖。2021 年以来，该市有 2 个富硒茶叶荣获“中国富硒好茶”，富硒花生荣获“中国富硒好杂粮”称号。

（3）以特色为主题，提升市场竞争力。以钦州市优质特色农产品为依托，大力开发优质天然富硒农产品。目前已开发出天然富硒荔枝、富硒红椎菌、富硒大耗。

（4）产学研融合，助推富硒产业发展。钦州市农业农村部门与北部湾大学加强海产品硒检测、硒形态研究及滨海富硒资源循环机制研究与推广，积极开发富硒海产品特色产业，强化在海洋与陆地之间硒循环的技术研究、技术优化及示范推广，打造钦州海产品富硒、安全、健康品牌，助推钦州富硒畜牧海产品成为新的经济增长点。

（5）拓展产业价值，培育富硒新动能。通过富硒特色农业与钦州山水资源的精准结合，推进一产与三产的深度融合，大力扶持富硒企业开展“合作社＋基地＋农户”“龙头企业＋基地＋农户＋市场”“观光旅游＋农户”“农村电子商务＋富硒农业”等经营模式，助力乡村振兴。钦北区九佰垌农业公园的富硒哈密瓜、西瓜，浦北五皇山生态旅游区的富硒米、富硒茶，钦南区七十二泾旅游景区的富硒大蚝都实现了农产品价值的提升和休闲农业动能的转换，进一步提升了钦州富硒农产品的知名度。

（6）加强宣传推介，培育知名品牌。依托丰富的富硒土壤资源和浦北“世界长寿之乡”的亮丽名片，在互联网、电视台、报纸等宣传媒体上多形式、多角度、深层次地宣传、推介富硒农产品。发动富硒农产品开发企业参加中国富硒农业发展大会、富硒功能农产品交易博览会等大型富硒农产品展示展销会，打造特色富硒农产品品牌，推动钦州富硒农产品逐步扬名区内外。

二、钦州市硒产业发展的产值指数结果与分析

钦州市的硒产业也只做了富硒农业的统计，只计入经过富硒认证的富硒农产品，富硒农业的产值等于硒产业的总产值。近两年富硒农业发展的统计数据和指数计算结果如表 6-4 所示。

表 6-4　2021—2022 年钦州市富硒农业主要产品产值及其指数

单位：万亩，万吨，亿元

产品	2021 年			2022 年			指数（%）		
	面积	产量	产值	面积	产量	产值	面积	产量	产值
富硒大米	5.60	3.36	5.38	6.75	4.05	6.48	120.54	120.54	120.45
富硒花生	0.70	0.11	0.53	0.80	0.12	0.61	114.29	109.09	115.09
富硒红椎菌	1.38	0.41	0.39	1.38	0.41	0.47	100.00	100.00	120.51
富硒茶叶	0.45	0.06	0.48	0.50	0.07	0.60	111.11	116.67	125.00
富硒荔枝	0.80	0.21	0.27	1.00	0.34	0.35	125.00	161.90	129.63
富硒大耗	10.00	18.03	19.74	10.00	18.05	20.25	100.00	100.11	102.58
总计	20.56	24.99	28.53	21.93	25.69	30.49	106.66	102.80	106.87

钦州市富硒农业是典型的滨海农业特色，产值规模最大的是富硒大耗，占富硒产值的三分之二，富硒大米的面

积最大，产值排第二。

近年来由于近海环境保护的要求越来越高，限制了滨海水产养殖规模的扩大，钦州市富硒大耗的养殖面积保持稳定，2022年产量和产值比2021年略有增加，产值指数为102.58。富硒大米、茶叶和具有钦州地方特色的红椎菌、荔枝则得到了较快发展，产值指数均在120以上，富硒农业的产值总体增加6%。

第七章　其他地区硒产业发展研究

第一节　山西省晋中市硒产业发展

一、概述

2022年，晋中市乡村振兴协会在中共晋中市委、市政府和相关县市、职能部门的重视关心下，在社会各界朋友及相关企业的帮助与支持下，围绕“凝聚社会力量，助力乡村振兴”工作定位，聚焦“搭建、提升、聚合”重点任务，克服疫情等不利因素影响，聚力推进功能农业发展，发展虽有不足，但成绩可圈可点。

（一）示范基地稳中有增，辐射带动能力提升

由晋中市乡村振兴协会牵头在2022年培育扶植的功能农业富硒产业种植、养殖、加工业基地发展到158个，同比增长1.28%。累计推广富硒农作物种植面积7.35万亩，同比增长11.53%，其中在本市推广富硒农作物种植面积2.2万亩，同比增长43.33%，在陕西、辽宁、内蒙古等省（区）及本省阳泉、临汾等市，推广富硒农作物面

积5.15万亩，受益农民2.86万人。山西丰谷源农业开发有限公司富硒黑小米被列入“2022第四届世界晋商上海论坛指定产品”；山西五福农产品股份有限公司等6个协会示范基地富硒产品，在第六届全国富硒农业发展大会上被评为2022年度“中国富硒好杂粮”。晋中功能农业，以营养导向推动农业产业转型升级，真正达到了农业增效、农民增收、消费者健康增寿的目的，成为促进农业高质量发展和助力乡村振兴的新动能。

（二）开展补硒公益活动，推动富硒产业发展

将“科学补硒·健康生活”宣传活动积极融入“走进科技·你我同行”2022年晋中市“全国科技活动周”，认真筹备，精心部署，协商确定以现场培训、展板宣传、发放科普资料、功能农产品展示、现场路演、网络直播等有效形式参与科技周活动，安排功能农业项目示范基地技术骨干、示范户果农和全体驻会人员参加，市县乡村户齐心发力，科技周活动内容丰富、有声有色，深受广大人民群众欢迎。

（三）探索科技成果转化，打造乡村振兴样板

深入贯彻习近平总书记视察山西重要讲话精神，主动与山西农业大学高粱研究所签订战略合作协议，积极申报2019—2020年晋中市科技成果转化推广项目，实施晋中贫困地区小杂粮优质品种提质增效技术科技成果示范项目，着力打造科技助力乡村振兴样板。2022年该项目申

报“山西省首届农牧渔业丰收奖农业技术推广成果二等奖”。

（四）创新产业发展模式，赋能乡村经济振兴

2022年1月11日，中国农业技术推广协会富硒专委会的专家与榆次区庄子乡的领导第三次审核评估山西云森易坊科技公司拟订的庄子乡“乡村振兴服务站”全覆盖实施方案。1月16日庄子乡全乡18个行政村党支部书记，在山西云森易坊科技公司参加了现场推进暨服务站建设培训会。1月21日与云森易坊科技公司联合，对庄子乡18个行政村执行站长进行业务培训，明确项目运行机制、项目建设的重点、关键点、阻点问题，商讨有针对性、建设性的意见与对策。

（五）学习交流拓宽思路，抢抓风口牵线搭桥

围绕乡村五大振兴目标，在推进功能农业发展的同时，精准发力、多点突破。在深入调研摸清实情后，多次与深圳市怡泽净水设备有限公司接洽，按照“试点先行、以点带面、全面推进”的工作思路，在榆次区3个乡镇、20个行政村建立26个健康饮水站，免费安装施工26台净水设备，很受群众欢迎。村民说：“健康饮水站用水既方便又卫生，对村民身体健康大有好处，3毛钱一桶水费，咱老百姓都用得起。”村书记说：“小小饮水机让农民喜上眉梢，吃水的高标准，助力农民的幸福指数不断攀升”。

二、晋中市硒产业发展指数的结果与分析

（一）产值指数的结果与分析

晋中市的硒产业仅统计了硒农业的数据，硒农业的产值等于硒产业的总产值。2021 年晋中市硒产业总产值为 0.96 亿元，2022 年为 1.69 亿元，指数值达到了 175.41，增长迅速（表 7－1）。

表 7－1　2021—2022 年晋中市硒产业产值及其指数

单位：亿元，%

指标	2021 年	2022 年	指数值
硒农业产值	0.96	1.69	175.41
硒食品加工业产值			
硒服务业产值			
硒研发投入			
硒产业总产值	0.96	1.69	175.41

（二）关联指数的结果与分析

晋中市 2021 年硒产业总产值占地区生产总值的比重为 0.05%，2022 年增长到了 0.08%，占比较小但增长较快，2022 年相较于 2021 年增长了 53.08%（表 7－2）。

表 7－2　2021—2022 年晋中市硒产业关联指数

单位：亿元

指标	2021 年	硒产业产值占比	2022 年	硒产业产值占比	指数值
硒产业总产值	0.96	0.05%	1.69	0.08%	153.08
地区生产总值	1 843.40		2 112.30		

第二节　安徽省石台县硒产业发展

一、概述

近年来，石台县高度重视硒资源开发，成立了县富硒产业发展领导小组，组建硒产业协会，出台《关于加快推进富硒产业高质量发展的实施意见》，制订硒产业发展扶持办法和年度行动计划，明确各部门在硒产业发展中的职责，将富硒产业作为特色主导产业全力打造，推动富硒产业从无到有、从小到大，呈现出加快发展态势，已初步形成富硒农业、富硒加工业、富硒康养三大产业格局。目前，已开发硒茶、硒米、硒泉、硒果、富硒畜禽和富硒土特产六大类近 100 多个品种，培育富硒农产品生产基地 10 万亩、硒产业经营主体 220 家，发展硒产品生产、加工和流通企业 63 家，年加工转化农产品 9 800 吨。2022 年，硒产业总产值达到 40.1 亿元（其中一产产值 7.9 亿元，二产产值 10.8 亿元，三产产值 21.4 亿元）。

（一）聚力发展富硒功能农业

培育富硒茶园基地 8.5 万亩，年产硒茶 5 600 吨，平均每千克 286 元，比普通茶叶高出 62 元，溢价率达到 27.6%，仅硒茶一项，年增收 2.8 亿元。开发富硒水稻种植 2.6 万亩，年产富硒稻谷 11 000 吨，加工石台硒米

5 500 吨，每千克平均销售价 20 元，比普通大米高出 14 元，种植富硒水稻亩产值可达 4 000 元，是种植普通水稻的 2.6 倍。培育以富硒土鸡和富硒鸡蛋为主的富硒养殖业，年产富硒土鸡 30 万只、富硒土鸡蛋200 万枚，富硒土鸡售价可达 60 元/千克，比普通肉鸡高出 1 倍，比普通土鸡高出 30%；富硒土鸡蛋 1.5 元/枚，比普通土鸡蛋高出 50%，富硒功能农业成为全县农业发展亮点。

（二）大力发展富硒加工业

目前，全县从事富硒产品加工的企业有 28 家，合作社有 110 家，家庭农场有 29 家，加工品种主要有硒茶、硒米、硒泉、硒米酒、硒酵素等。其中，富硒茶叶加工规模约5 000 吨；富硒稻谷加工规模 11 000 吨、年加工富硒大米约 5 500 吨；推进硒泉产业发展，现有硒泉加工企业 10 家，产能约 126 万吨，2022 年实际产量约 10 万吨，预计产值 1.4 亿元。

（三）着力抓好富硒品牌创建

全力打造“石台硒品”区域公用品牌，努力培育“石台硒茶”“石台硒米”“石台硒泉”“石台硒餐”四大子品牌，已取得初步成效。目前全县拥有富硒农产品品牌 68 个，其中，绿色食品 18 个、有机食品 12 个、国家地理标志认证产品 2 个，“石台硒茶”成功入选“2019 中国农产品区域公用品牌”目录，“石台富硒茶”获国家地理标志保护产品，成功入围“2021 我最喜爱的中国品牌”，在中国品牌建设促进会举办的 2022 年中国品牌价值评估中，估值达 11.72 亿元。“石台硒茶”入选“2022 年第二批全国名特优新农产品名录”，实现零的突破。

（四）强力培育富硒康养产业

坚持将旅游作为首位产业，明确“生态硒都·养生石台”定位，依托富硒、负氧资源，大力推进仙寓山富硒养生度假区、慢庄小镇、富硒氧吧小镇、大演硒茶小镇、西黄山茶博园建设，打造 2 条硒茶观光体验带，形成以硒为主题的农业观光、特色种养、研学旅行、休闲采摘、农事体验、科普基地、乡村栖宿等多种新业态，推动全县旅游业由“景点旅游”向“全域旅游”转变，积极构建农旅融合发展新格局。2019 年石台县成为全国硒产业（Se20）发展峰会成员，2020 年又被评为“全国硒资源变硒产业十佳地区”，2023 年，被国硒中心授予“中国有机硒谷”称号。

二、石台县硒产业发展指数的结果与分析

（一）产值指数的结果与分析

石台县硒农业产值、硒食品加工业产值、硒服务业产值、硒研发投入及硒产业总产值的指数值均在 100 以上，说明石台县硒产业各方面均得到了增长，其中硒农业增长较快，2022 年相较于 2021 年增长了 32.79%，硒产业总产值增长了 18.83%（表 7－3）。

表 7-3　2021—2022 年石台县硒产业产值及其指数

单位：亿元，%

指标	2021 年	2022 年	指数值
硒农业产值	5.98	7.95	132.79
硒食品加工业产值	9.60	10.82	112.71
硒服务业产值	18.20	21.40	117.58
硒研发投入	0.158	0.166	105.06
硒产业总产值	33.94	40.33	118.83

（二）关联指数的结果与分析

石台县 2021 年硒产业总产值占地区生产总值的比重为 105.46%，2022 年增长到了 117.89%，硒产业在地方经济中的重要性极高（表 7-4）。

表 7-4　2021—2022 年石台县硒产业关联指数

单位：亿元

指标	2021 年	硒产业产值占比	2022 年	硒产业产值占比	指数值
硒产业总产值	33.94	105.46%	40.33	117.89%	111.79
地区生产总值	32.19		34.21		

（三）科技创新指数的结果与分析

石台县 2021 年硒研发投入为 0.158 亿元，2022 年增长到了 0.166 亿元，指数值为 105.06，增长较小。硒研发投入占硒产业总产值比重在 0.5%左右（表 7-5）。

表 7-5　2021—2022 年石台县硒产业科技创新指数

单位：亿元，%

指标	2021 年	2022 年	指数值
硒研发投入	0.158	0.166	105.06
占硒产业总产值比	0.47	0.41	88.42

(四) 品牌价值指数的结果与分析

石台县 2021 年涉硒品牌价值总和约为 11.60 亿元，2022 年为 11.72 亿元，指数值为 101.03%，增长较小(表 7-6)。

表 7-6　2021—2022 年石台县硒产业品牌价值指数

单位：亿元，%

指标	2021 年	2022 年	指数值
品牌价值估算值	11.60	11.72	101.03

第三节　贵州省开阳县硒产业发展

一、概述

开阳县位于黔中腹地，境内 99.91%土壤富含硒元素，土壤中硒元素含量介于 175 皮克/千克～7 380 微克/千克，平均值为 588 微克/千克，是全国平均值的 2 倍，动植物硒含量在 50 微克/千克～280 皮克/千克，符合联合国卫生组织保健品含硒量标准，是少见的“含富硒量生态景观”，被中国富硒联盟评为“中国十大富硒之乡”。

开阳县内土壤富含硒，是国内三大富硒资源地区之一，属中国极少有、贵州唯一的天然适度富硒区域。开阳县用足用活资源，大力开发硒、利用硒、发展硒，集中成片发展茶叶、蔬菜、果品、畜禽、食用菌和中药材富硒产业，富硒产业成为当地农民的富民产业。

近年来，开阳县立足资源优势，把发展富硒产业作为推进农业供给侧结构性改革的重要举措，提高农业附加值的有效途径，促进农民增收致富的最大抓手，着力在打造富硒品牌、拓宽销售渠道、促进群众增收上下工夫，产业实现从无到有、从弱到强的华丽转身。

第一，利用富硒资源，打造特色品牌。富硒资源和生态优势集中在富硒农产品、饮品、休闲食品、调味品等方面，在发展富硒产业上做文章，从富硒农产品到富硒加工产品的富硒产业链条已初具框架雏形。积极推动生态产业化、产业生态化，大力发展富硒产业，打响富硒特色品牌。

第二，发展富硒产业，提升品牌效应。坚持把富硒资源转化为富硒产业，全县富硒产业发展呈现出规模渐长、业态渐丰、品牌渐响、溢价渐显的良好态势，为推动县域经济高质量发展强基固本。

第三，品牌助力带动，农户稳产增收。依托山地特色和富硒资源谋发展，打开致富门的“金钥匙”。抢抓农村产业革命和加快茶产业强省的历史机遇，调整优化茶产业结构，助推富硒产业高质量发展。

二、开阳县硒产业发展指数的结果与分析

（一）产值指数的结果与分析

开阳县硒农业产值和硒服务业产值的指数均在 119 左

右，硒食品加工业产值的指数仅为75.96，说明2022年硒农业与硒服务业增长了20%左右，硒食品加工业下滑了四分之一左右。硒产业总产值由2021年的50.73增长到了2022年的59.06，增长了16.42%（表7-7）。

表7-7　2021—2022年开阳县硒产业产值及其指数

单位：亿元，%

指标	2021年	2022年	指数值
硒农业产值	47.34	56.42	119.19
硒食品加工业产值	3.25	2.47	75.96
硒服务业产值	0.142 0	0.169 0	119.01
硒研发投入			
硒产业总产值	50.73	59.06	116.42

（二）关联指数的结果与分析

开阳县2021年硒产业总产值占地区生产总值的比重为19.06%，2022年增长到了20.42%，指数值为107.12，硒产业在地方经济中的重要性有所提高（表7-8）。

表7-8　2021—2022年开阳县硒产业关联指数

单位：亿元

指标	2021年	硒产业产值占比	2022年	硒产业产值占比	指数值
硒产业总产值	50.73	19.06%	59.06	20.42%	107.12
地区生产总值	266.10		289.20		

（三）品牌价值指数的结果与分析

开阳县2021年涉硒品牌价值总和约为4.10亿元，

2022年为4.39亿元，指数值为107.07%，有所增长（表7-9）。

表7-9　2021—2022年开阳县硒产业品牌价值指数

单位：亿元，%

指标	2021年	2022年	指数值
品牌价值估算值	4.10	4.39	107.07

第四节　福建省诏安县硒产业发展

一、概述

诏安是福建省漳州市辖县，地处福建南端、闽粤交界处，素称“福建南大门”和“漳南第一关”。诏安山清水秀，人杰地灵，生态优势得天独厚，人文环境底深蕴浓，拥有“中国书画艺术之乡”“中国青梅之乡”“中国海峡硒都”“中国长寿之乡”等金字招牌。除了美丽的风景，这里更是一处富含富硒元素的宝藏之地。诏安富硒土壤面积和土壤含硒量为福建省之最。

2002年，福建省政府与国土资源部合作开展的“福建省沿海经济带生态地球化学调查”项目查明，诏安县土壤硒含量≥0.40毫克/千克（属于无中毒危害的硒含量范围）的富硒土地面积达5.08万公顷，占诏安县域面积的39.27%，土壤硒元素含量最大值为1.71毫克/千克，最小值为0.05毫克/千克，平均值0.42毫克/千克。主要分布于红星乡、太平镇、官陂镇、秀篆镇、霞葛镇、金星乡、梅洲乡等地区。乌山山脉富硒土壤特高含量区面积为全省最大，属于“优质、环保、安全”的典型富硒区，在海峡西岸经济区内极具代表性。

2012年，福建省地质矿产勘查开发局、福建农科院先后组织专家对诏安部分富硒土地进行加密调查，并从富硒土壤上取数百件农产品样品进行含硒检测，发现富硒区域的白粉梅、青竹梅、茶叶汤水、莴苣、四季豆、青梅制品、鸡肉、生经藤、大米、杨梅、香蕉等产品达到富硒标准，具有极高的营养成分和开发利用价值。

2013年7月1日，中国营养学会授予诏安“中国海峡硒都”称号。2017年起，诏安县每年拨付3 000万元专项资金用于扶持青梅、八仙茶、富硒蛋鸡三个特色产业，形成产品基地、生产、加工一体化的生态富硒产业集群，使更多的贫困户脱贫。

基于区域气候和环境优势，诏安青梅果大核小、皮薄肉厚、脆细汁多，酸度高，富含果酸及维生素C。据福建省地质矿产勘查局的调查，诏安青梅含硒量达到富硒标准，最高达到0.028毫克/千克，是富硒标准的2.8倍，还富含人体所需的多种氨基酸，品质超过日本盛行的南高梅，深受市场欢迎，被誉为“凉果之王”。八仙茶发源于诏安，被评定为国家级茶树新品种，全县种植富硒八仙茶 3 万多亩，年产量 5 000 多吨，年产值近 4 亿元。

富硒资源产业化正成为诏安经济发展的重点。现已形成“8＋1”富硒产业格局，即青梅、茶叶、水果、蔬菜、大米、禽蛋、中药材、海产品和温泉。诏安县“十四五”现代农业发展规划总体目标就是“念好富硒产业山海经，创建生态富硒精品”，重点打造富硒产业核心示范带。同时，整合各类项目资金，加大基础设施建设，建设一批富硒种养示范基地。

二、诏安县硒产业发展指数的结果与分析

（一）产值指数的结果与分析

诏安县硒产业仅统计了硒农业和硒研发投入的数据。2021 年诏安县硒产业总产值为 51.39 亿元，2022 年为 52.81 亿元，指数值为 102.76，增长较慢（表 7－10）。

表 7－10　2021—2022 年诏安县硒产业产值及其指数

单位：亿元，%

指标	2021 年	2022 年	指数值
硒农业产值	51.29	52.69	102.73
硒食品加工业产值			
硒服务业产值			
硒研发投入	0.101	0.121	119.80
硒产业总产值	51.39	52.81	102.76

（二）关联指数的结果与分析

诏安县 2021 年硒产业总产值占地区生产总值的比重为 15.65%，2022 年降至 15.09%，指数值为 96.37，硒产业在地方经济中的重要性有所下降（表 7-11）。

表 7-11　2021—2022 年诏安县硒产业关联指数

单位：亿元，%

指标	2021 年	硒产业产值占比	2022 年	硒产业产值占比	指数值
硒产业总产值	51.39	15.65	52.81	15.09	96.37
地区生产总值	328.27		350.05		

（三）科技创新指数的结果与分析

诏安县 2021 年硒研发投入为 0.101 亿元，2022 年增长到了 0.121 亿元，指数值为 119.80，增长较快。硒研发投入占硒产业总产值比重在 0.2%左右（表 7-12）。

表 7-12　2021—2022 年诏安县硒产业科技创新指数

单位：亿元，%

指标	2021 年	2022 年	指数值
硒研发投入	0.101	0.121	119.80
占硒产业总产值比	0.20	0.23	116.58

（四）品牌价值指数的结果与分析

诏安县 2021 年涉硒品牌价值总和约为 1.176 亿元，2022 年为 1.388 亿元，指数值为 118.03%，虽然起点低，但增长较快（表 7-13）。

表 7－13　2021—2022 年诏安县硒产业品牌价值指数

单位：亿元，%

指标	2021 年	2022 年	指数值
品牌价值估算值	1.176	1.388	118.03

第五节　四川省屏山县硒产业发展

一、概述

（一）富硒土壤基本情况

屏山县于 2013 年首次发现局部区域土壤富硒，经四川省地质调查院对全县全域土壤进行 1∶1 万土地质量地球化学详查，县域内共计有天然富硒土壤 240 平方千米、足硒土壤 700 平方千米，主要集中在龙华、屏边、夏溪、清平一带，其中龙华镇全境土壤天然富硒或足硒。在 2021 年 8 月中国地质学会评审认定的 30 个全国首批天然富硒土地地块中，就有屏山县龙华镇中埂村、翻身村和鱼孔村的绿色富硒土地 7 533 亩，富硒土壤平均硒含量高达 0.53 毫克/千克。

（二）富硒产品基本情况

屏山县天然富硒产品主要有富硒鸡肉、鸡蛋、猪肉、食用菌、竹笋和水产品六类。富硒类产品年产值 2.2 亿元，其中富硒鸡肉及鸡蛋分布在龙华镇、屏边乡、清平乡，年产富硒肉鸡 5 万余只，富硒鸡蛋 100 万枚；富硒猪肉分布在屏边乡、屏山镇，年产黑猪肉及制品 5 800 吨；富硒水产品分布在龙华镇、屏边乡，年产量 10 吨；富硒食用菌分布在书楼镇、屏边乡、龙华镇，年产菌类干制品 10 吨；富硒食用笋分布在龙华、中都、锦屏镇，年产笋类干制品 400 吨。除以上六类富硒产品，茶叶、大米、玉米、鲜魔芋四类屏山县大宗农产品经检测均含硒，具备开发价值。

（三）与院校合作情况

一是与四川省地质调查院签署《富硒产业发展研究战略协议》，合作完成屏山县 1∶5 万、1∶1 万比例土地质量地球化学详查。完成绘制屏山县土壤硒元素分级评价图和《屏山县 2020—2025 年富硒产业发展规划》。二是 2022 年 5 月，与国硒中心、宜宾林竹产业研究院签订了战略合作框架协议。按照协议内容，三方主要在富硒产业规划编制、富有机硒技术开发、富硒产品精深加工、富硒产品认证及品牌打造、富硒产业领域人才培养及培训、富硒产业招商引资等方面开展合作。三是与宜宾学院进行战略合作，完成制定并发布富硒六类团体标准，确保屏山县农特产品有标准可依。

二、屏山县硒产业发展指数的结果与分析

（一）产值指数的结果与分析

屏山县硒农业产值、硒食品加工业产值、硒研发投入及硒产业总产值的指数值均在 100 以上，说明屏山县硒产

业各方面均得到了增长，2022 年硒产业总产值相较于 2021 年增长了 14.29%，由 44.36 亿元增长到了 50.69 亿元（表 7-14）。

表 7-14　2021—2022 年屏山县硒产业产值及其指数

单位：亿元，%

指标	2021 年	2022 年	指数值
硒农业产值	41.48	47.59	114.73
硒食品加工业产值	2.36	2.52	106.66
硒服务业产值			
硒研发投入	0.510	0.580	113.73
硒产业总产值	44.36	50.69	114.29

（二）关联指数的结果与分析

屏山县 2021 年硒产业总产值占地区生产总值的比重为 43.79%，2022 年增长到 45.89%，指数值为 104.78，硒产业在地方经济中的重要性有所上升（表 7-15）。

表 7-15　2021—2022 年屏山县硒产业关联指数

单位：亿元，%

指标	2021 年	硒产业产值占比	2022 年	硒产业产值占比	指数值
硒产业总产值	44.36	43.79	50.69	45.89	104.78
地区生产总值	101.29		110.48		

（三）科技创新指数的结果与分析

屏山县 2021 年硒研发投入为 0.51 亿元，2022 年增长到了 0.58 亿元，指数值为 113.73，增长较快。硒研发投入占硒产业总产值比重在 1.1%左右（表 7-16）。

表 7－16　2021—2022 年屏山县硒产业科技创新指数

单位：亿元，%

指标	2021 年	2022 年	指数值
硒研发投入	0.51	0.58	113.73
占硒产业总产值比	1.15	1.14	99.51

（四）品牌价值指数的结果与分析

屏山县 2021 年涉硒品牌价值总和约为 36.201 8 亿元，2022 年为 46.482 0 亿元，指数值为 128.40%，增长较快（表 7－17）。

表 7－17　2021—2022 年屏山县硒产业品牌价值指数

单位：亿元，%

指标	2021 年	2022 年	指数值
品牌价值估算值	36.201 8	46.482 0	128.40

第六节　黑龙江省海伦市硒产业发展

一、概述

海伦市处于世界三大黑土地之一的松嫩平原的核心区域，位于黑龙江省中部，绥化市北部，是哈黑经济带上重要节点城市。经国土资源部中国地质调查局和省地质调查总院两次土地质量调查证实，海伦 465 万亩耕地中富硒耕地面积为 133.3 万亩，足硒耕地面积为 325.5 万亩，合计占全市耕地面积的 98.7%，出产的各类农副产品均天然含硒。2016

年，海伦市被中国营养学会授予“中国黑土硒都”称号。

海伦市敏锐捕捉富硒资源这一重大发现的新机遇，提出了打造“中国黑土硒都”的战略目标和“发展功能农业、开发富硒产业、打造高精产品、提升农业档次、促进富民强市”的开发思路，制订了富硒产业发展规划，辟建150万平方米富硒产业园区，逐步建设农业物联网信息服务中心、富硒农产品展销中心、富硒农产品研发中心、富硒农产品检测中心和农产品物流中心等五大中心。

二、海伦市硒产业发展指数的结果与分析

（一）产值指数的结果与分析

海伦市硒农业产值、硒食品加工业产值、硒服务业产值、硒研发投入及硒产业总产值的指数值均在100以上，说明海伦市硒产业各方面均得到了增长，其中硒研发投入增长较快，2022年相较于2021年增长了5.97%，硒产业总产值增长了5.92%（表7－18）。

表7－18　2021—2022年海伦市硒产业产值及其指数

单位：亿元，%

指标	2021年	2022年	指数值
硒农业产值	63.58	67.35	105.93
硒食品加工业产值	2.23	2.35	105.38
硒服务业产值	0.02	0.03	150.00
硒研发投入	0.033 5	0.035 5	105.97
硒产业总产值	65.86	69.77	105.92

（二）关联指数的结果与分析

海伦市2021年硒产业总产值占地区生产总值的比重为50.28%，2022年增至50.83%，指数值为101.10，硒产业在地方经济中的重要性略有上升（表7-19）。

表7-19　2021—2022年海伦市硒产业关联指数

单位：亿元，%

指标	2021年	硒产业产值占比	2022年	硒产业产值占比	指数值
硒产业总产值	65.86	50.28	69.77	50.83	101.10
地区生产总值	131.00		137.24		

（三）科技创新指数的结果与分析

海伦市2021年硒研发投入为0.033 5亿元，2022年增长到了0.035 5亿元，指数值为105.97。硒研发投入占硒产业总产值比重在0.05%左右（表7-20）。

表7-20　2021—2022年海伦市硒产业科技创新指数

单位：亿元，%

指标	2021年	2022年	指数值
硒研发投入	0.033 5	0.035 5	105.97
占硒产业总产值比	0.05	0.05	100.05

（四）品牌价值指数的结果与分析

海伦市2021年涉硒品牌价值总和约为0.004 96亿元，2022年为0.006 94亿元，指数值为139.98%，基数小，但增长较快（表7-21）。

表 7-21　2021—2022 年海伦市硒产业品牌价值指数

单位：亿元，%

指标	2021 年	2022 年	指数值
品牌价值估算值	0.004 96	0.006 94	139.98

第七节　黑龙江省宝清县硒产业发展

一、概述

2013 年宝清县发现土壤富含硒元素，在县委、县政府高度重视下，于 2015 年启动基础工作，2017 年组建专门机构，抢抓机遇，顺势而为，实现了从无到有、从概念到实体、从资源到产业的突破。目前全县富硒农作物种植面积发展到 50 万亩；全县从事富硒食品生产、加工和销售的企业、合作社发展到 72 家；富硒食用农产品由单一的富硒大米拓展到富硒大豆、富硒小麦、富硒杂粮、富硒食用菌等 8 类 300 余款；打造了集网络直播、产品展示、线下交易、快递物流于一体的“双鸭山市富硒产业官方商城”和“宝清富硒农品汇”。2019 年，宝清县被中国营养学会冠名为“中国北大荒硒都”地域品牌。

（一）市场倒逼，牵动一二三产融合发展

一是基地种植整村推进。全力打造专业种植村，创新实行统一品种、统一耕种、统一施肥、统一加工、统一品牌、统一销售模式，整合资源，提高效率，增加收入。二

是产品质量严抓控管。推进富硒产品追溯体系建设，加大监控设施投入力度，基地严格按照规范流程建设；严格富硒产品质量检测，扩大检测品种和项目；严格执行《宝清县富硒产品标志使用管理办法》；加大富硒产品质量检查力度，严厉打击假冒伪劣行为，做到宝清的富硒产品含量准确、标志清楚、基地可视化、产品可追溯。三是销售网络全面铺设。近年来，以珠三角、长三角、京津冀等一线城市为重点，组织参展大型展会16次，拓展商贸合作伙伴30余家。实施“走出去、请进来”的策略，成功引进辽宁沈阳“康硒农业”、山东青岛“曦今集团”，参与宝清县富硒农产品线上线下全方位推介销售，富硒产品销售取得突破性进展，扩大了“中国北大荒硒都”地域品牌的知名度。

（二）产业突破，培育龙头企业支撑发展

一是龙头示范带动孵化。通过每年投入政策引导资金近千万元，扶持建设了齿留鲜大米加工厂、向山富硒面粉加工厂、广晟红豆沙加工厂、尚膳豆制品加工厂、海之坊杂粮加工厂、密林黑蜂蜜加工厂、绿塔和锦团鲜食玉米加工厂等，全面推动中小企业“铺天盖地”发展，目前食品级涉硒加工企业发展到11家。二是品牌引领壮大产业。依托“中国北大荒硒都”金字招牌，先后与中国营养学会、广东省营养健康产业协会、湖南神农蜂、浙江五芳斋等签署战略合作协议。成功引进了湖北恩施楚丰农业、北京协和阳光集团等来宝清落地，宝清县绿鑫水稻种植合作

社与天赐良田有限公司强强联手，在美国纳斯达克成功上市。培育了“齿留鲜”“绿塔”“黑土头道”“三道小武”等商标品牌。三是项目引进牵动发展。目前，正利用夹子镇丰富的富硒山泉水，开发“富硒矿泉水”；利用五九七农场28连山泉水，开发“山泉水有机水稻”，已取得有机认证。

（三）创新业态，实施“硒＋X”行动

一是“硒＋良种”。中国水稻研究所北方水稻科技研发中心依托其技术优势，取得实质性进展。二是“硒＋专家”。已聘请国际硒产业施瓦茨奖获得者王治伦、中国营养学会朴建华、中国地质大学（武汉）田熙科等业内知名专家学者，作为富硒产业发展专家顾问团，指导宝清县富硒产业发展。三是“硒＋特色”。借鉴宝清县尖山子乡头道林子村和北京协和阳光集团、康鼎公司、秦臻娇羊公司成功合伙人模式，引进申通创始人奚春阳的浙江大蜂控股集团、阿里系下沉的社区团购头部企业十荟团等，在对富硒全产业链市场化托管运营的基础上，向“医药养食游、吃喝玩娱购”多元延伸，形成硒生态综合体。

二、宝清县硒产业发展指数的结果与分析

（一）产值指数的结果与分析

宝清县硒农业产值、硒食品加工业产值、硒服务业产

值、硒研发投入及硒产业总产值的指数值均在100以上，说明宝清县硒产业各方面均得到了增长，其中硒食品加工业增长较快，2022年相较于2021年增长了22.11%，硒产业总产值增长了7.71%（表7-22）。

表7-22　2021—2022年宝清县硒产业产值及其指数

单位：亿元，%

指标	2021年	2022年	指数值
硒农业产值	16.38	17.51	106.90
硒食品加工业产值	0.95	1.16	122.11
硒服务业产值	0.045 0	0.045 5	101.11
硒研发投入	0.023 5	0.024 0	102.127 7
硒产业总产值	17.40	18.74	107.71

（二）关联指数的结果与分析

宝清县2021年硒产业总产值占地区生产总值的比重为13.47%，2022年降至13.27%，指数值为98.55，硒产业在地方经济中的重要性略有下降（表7-23）。

表7-23　2021—2022年宝清县硒产业关联指数

单位：亿元，%

<table>
<tr><th>指标</th><th>2021年</th><th>硒产业
产值占比</th><th>2022年</th><th>硒产业
产值占比</th><th>指数值</th></tr>
<tr><td>硒产业总产值</td><td>17.40</td><td rowspan="2">13.47</td><td>18.74</td><td rowspan="2">13.27</td><td rowspan="2">98.55</td></tr>
<tr><td>地区生产总值</td><td>129.20</td><td>141.20</td></tr>
</table>

（三）科技创新指数的结果与分析

宝清县2021年硒研发投入为0.023 5亿元，2022年增长到了0.024亿元，指数值为102.13。硒研发投入占硒产业总产值比重在0.13%左右（表7-24）。

表7-24　2021—2022年宝清县硒产业科技创新指数

单位：亿元，%

指标	2021年	2022年	指数值
硒研发投入	0.023 5	0.024	102.13
占硒产业总产值比	0.14	0.13	94.82

（四）品牌价值指数的结果与分析

宝清县2021年涉硒品牌价值总和约为453万元，2022年为477万元，指数值为105.30%（表7-25）。

表7-25　2021—2022年宝清县硒产业品牌价值指数

单位：亿元，%

指标	2021年	2022年	指数值
品牌价值估算值	453	477	105.30

第八章　中国硒产业发展指数结果与分析

第一节　产值指数

一、全国层面产值指数的结果与分析

2022年度全国层面硒产业发展指数来自湖南（桃源、新田、慈利、江永、汝城五县）、江西（宜春、赣州两市，万安、安福、莲花、玉山、芦溪五县）、广西壮族自治区、恩施土家族苗族自治州、安康市、晋中市、石台县、开阳县、诏安县、屏山县、海伦市和宝清县等地的硒产业统计指标的汇总值，汇总计算结果如表8-1所示。

表8-1　2021—2022年中国硒产业产值及其指数

单位：亿元，%

指标	2021年	2022年	指数值
硒农业产值	1 297.16	1 488.44	114.75
硒食品加工业产值	1 151.48	1 333.62	115.82
硒服务业产值	315.75	534.22	169.19
硒研发投入	3.375 7	4.101 9	121.51
硒产业总产值	2 767.77	3 360.37	121.41

全国层面，硒农业产值、硒食品加工业产值、硒服务业产值、硒研发投入及硒产业总产值的指数值均在 100 以上，说明硒产业各方面均得到了增长，2022 年硒产业总值达 3 360.37 亿元，相较于 2021 年增长 21.41%，远高于全国 GDP 的同期增速。其中，硒服务业产值增速最高，由 2021 年的 315.75 亿元增至 2022 年的 534.22 亿元，增幅达 69.19%。

二、分地区产值指数的对比与分析

表 8 - 2 展示了分地区 2021—2022 年硒产业总产值及其指数的计算结果。从省级层面来看，2022 年，湖南与江西硒产业总值达到了 500 亿元以上，分别为 517.34 亿元和 770.68 亿元；广西硒产业总值（仅统计了硒农业）在百亿规模。从指数值来看，湖南和江西增速较快，分别增长 37.83%和 38.13%，广西增长 18.15%。

从市级层面来看，2022 年，恩施州硒产业总值达到了 831.71 亿元，位居第一；安康市紧随其后，达到了 829.23 亿元；第三为宜春市，为 610.90 亿元；其他地区均未超过百亿规模。增长较快的是晋中市和宜春市，分别增长 75.41%和 43.91%，但晋中市硒产业仅统计了硒农业产值且规模较小。

从县级层面来看，2022 年硒产业总值达 50 亿元以上的地区有海伦市、桃源县、开阳县、诏安县和屏山县，分别达到了 69.77、66.22、59.06、52.81 和 50.69 亿元；莲花县、玉山县和芦溪县的规模较小，均未超过 10 亿元。增长较快的有石台县、玉山县、开阳县、芦溪县、屏山县和桃源县，2022 年相较于 2021 年均增长了 10%以上，石台县增长 18.83%。

表 8-2　2021—2022 年硒产业总产值及其指数（分地区）

单位：亿元,%

地区		硒产业总产值及其指数		
		2021 年	2022 年	指数值
全国		2 767.77	3 360.37	121.41
省级	湖南[①]	375.35	517.34	137.83
	江西[②]	557.94	770.68	138.13
	广西	100.15	118.32	118.15
市级	湖北恩施	719.39	831.71	115.61
	陕西安康	750.30	829.23	110.52
	山西晋中	0.96	1.69	175.41
	广西贵港	32.92	34.89	105.98
	广西钦州	28.53	30.49	106.88
	江西宜春	424.51	610.90	143.91
	江西赣州	80.83	98.82	122.26
	江西吉安[③]	40.01	46.74	116.82
县级	湖南桃源	58.22	66.22	113.74
	安徽石台	33.94	40.33	118.83
	贵州开阳	50.73	59.06	116.42
	福建诏安	51.39	52.81	102.76
	四川屏山	44.36	50.69	114.29
	黑龙江海伦	65.86	69.77	105.92

（续）

地区		硒产业总产值及其指数		
		2021 年	2022 年	指数值
县级	黑龙江宝清	17.40	18.74	107.71
	江西莲花	1.81	1.64	91.00
	江西玉山	6.11	7.17	117.39
	江西芦溪	4.68	5.42	115.70

注：①仅包含 5 个县的数据，后同。

②仅包含 2 个市 5 个县的数据，后同。

③仅包含 2 个县的数据，后同。

表 8－3 展示了分地区 2021—2022 年硒农业产值及其指数的计算结果。从省级层面来看，江西的硒农业产值较高，2022 年达到了 350.32 亿元，相较于 2021 年增长 13.18%；广西和湖南硒农业产值在百亿规模左右，分别增长 18.15%和 10.07%。

从市级层面来看，2022 年，恩施州硒农业产值达到了 465.34 亿元，位居第一且与后位差距较大；达到 200 亿规模的有安康市和宜春市，分别为 216.00 亿元和 213.37 亿元；其他地区均未超过百亿规模。增长较快的是晋中市、安康市和赣州市，增速均超过了 20%。

从县级层面来看，2022 年硒农业产值达 50 亿元以上的地区有海伦市、桃源县、开阳县和诏安县，分别达到了 67.35、66.22、56.42 和 52.69 亿元；石台县、莲花县、玉山县和芦溪县的规模较小，均未超过 10 亿元。石台县增速较快，2022 年相较于 2021 年均增长了 32.79%，其他地区增速均在20%以下。

表8-3　2021—2022年硒农业产值及其指数（分地区）

单位：亿元，%

地区		硒农业产值及其指数		
		2021年	2022年	指数值
全国		1 297.16	1 488.44	114.75
省级	湖南	79.30	87.28	110.07
	江西	309.52	350.32	113.18
	广西	100.13	118.30	118.15
市级	湖北恩施	412.20	465.34	112.89
	陕西安康	169.00	216.00	127.81
	山西晋中	0.96	1.69	175.41
	广西贵港	32.92	34.89	105.98
	广西钦州	28.53	30.49	106.88
	江西宜春	195.20	213.37	109.31
	江西赣州	66.91	81.35	121.59
	江西吉安	35.60	42.29	118.79
县级	湖南桃源	58.22	66.22	113.74
	安徽石台	5.98	7.95	132.79
	贵州开阳	47.34	56.42	119.19
	福建诏安	51.29	52.69	102.73
	四川屏山	41.48	47.59	114.73
	黑龙江海伦	63.58	67.35	105.93
	黑龙江宝清	16.38	17.51	106.90
	江西莲花	1.81	1.64	91.00
	江西玉山	5.33	6.25	117.35
	江西芦溪	4.68	5.42	115.70

表 8－4 展示了分地区 2021—2022 年硒食品加工业产值及其指数的计算结果。从省级层面来看，湖南硒食品加工业产值较高，2022 年达到了 430.00 亿元，相较于第 2021 年增长 45.27%；江西为 198.49 亿元，增长 32.32%；广西未统计。

从市级层面来看，2022 年，安康市硒食品加工业产值达到了 482.32 亿元，位居第一且与后位差距较大；达到百亿规模的有恩施州和宜春市，分别为 203.48 亿元和 179.70 亿元；其他地区均未超过百亿规模或未进行统计。增长较快的是宜春市和赣州市，增速均超过了 30%。

从县级层面来看，2022 年硒食品加工业产值达 10 亿元的地区仅有石台县；其他地区均不足 5 亿元或未进行统计。增速较快的是宝清县，2022 年相较于 2021 年增长了 22.11%，其他地区增速均在 20%以下。

表 8－4　2021—2022 年硒食品加工业产值及其指数（分地区）

单位：亿元，%

地区		硒食品加工业产值及其指数		
		2021 年	2022 年	指数值
全国		1 151.48	1 333.62	115.82
省级	湖南	296.00	430.00	145.27
	江西	150.01	198.49	132.32
	广西			
市级	湖北恩施	177.87	203.48	114.40
	陕西安康	509.20	482.32	94.72

（续）

地区		硒食品加工业产值及其指数		
		2021 年	2022 年	指数值
市级	山西晋中			
	广西贵港			
	广西钦州			
	江西宜春	134.70	179.70	133.41
	江西赣州	10.91	14.34	131.40
	江西吉安	3.62	3.53	97.67
县级	湖南桃源			
	安徽石台	9.60	10.82	112.71
	贵州开阳	3.25	2.47	75.96
	福建诏安			
	四川屏山	2.36	2.52	106.66
	黑龙江海伦	2.23	2.35	105.38
	黑龙江宝清	0.95	1.16	122.11
	江西莲花			
	江西玉山	0.79	0.92	117.64
	江西芦溪			

表 8－5 展示了分地区 2021—2022 年硒服务业产值及其指数的计算结果。从省级层面来看，仅有江西对硒服务业产值进行了统计，2022 年达到了 220.42 亿元，相较于第 2021 年增长 126.32％，增速较快。

从市级层面来看，2022 年，宜春市硒服务业产值达到了 216.93 亿元，位居第一且与后位差距较大；达到百亿规模的有恩施州和安康市，分别为 161.48 亿元和

130.67亿元；其他地区均未超过百亿规模或未进行统计。增长较快的是宜春市和安康市，增速分别为131.07%和81.99%。

从县级层面来看，2022年硒服务业产值达亿元规模的地区仅有石台县；其他地区均未过亿或未进行统计。增速较快的是海伦市，2022年相较于2021年增长了50.00%。

表8-5　2021—2022年硒服务业产值及其指数（分地区）

单位：亿元，%

地区		硒服务业产值及其指数		
		2021年	2022年	指数值
全国		315.75	534.22	169.19
省级	湖南			
	江西	97.39	220.42	226.32
	广西			
市级	湖北恩施	128.15	161.48	126.01
	陕西安康	71.80	130.67	181.99
	山西晋中			
	广西贵港			
	广西钦州			
	江西宜春	93.88	216.93	231.07
	江西赣州	2.73	2.59	94.87
	江西吉安	0.78	0.90	115.34
县级	湖南桃源			
	安徽石台	18.20	21.40	117.58
	贵州开阳	0.142	0.169	119.01

（续）

地区		硒服务业产值及其指数		
		2021 年	2022 年	指数值
县级	福建诏安			
	四川屏山			
	黑龙江海伦	0.020 0	0.030 0	150.00
	黑龙江宝清	0.045 0	0.045 5	101.11
	江西莲花			
	江西玉山			
	江西芦溪			

表 8－6 展示了分地区 2021—2022 年硒研发投入及其指数的计算结果。从省级层面来看，仅有江西省硒研发投入达到了亿元规模，2022 年为 1.449 8 亿元，相较于第 2021 年增长 42.48％，增速较快；湖南和江西的硒研发投入均未过千万元。

从市级层面来看，仅有恩施州硒研发投入过亿元，2022 年为 1.41 亿元，相较于 2021 年增长 20.51％；紧随其后的为宜春市和赣州市，2022 年硒研发投入分别为 0.895 2 和 0.538 9 亿元；其他地区均未过 0.50 亿元或未进行统计。增长较快的是赣州市，增速达到了 94.85％。

从县级层面来看，2022 年硒研发投入过 0.50 亿元的地区仅有屏山县；其他地区均未过 0.50 亿元或未进行统计。增速较快的是诏安县，2022 年相较于 2021 年增长了 19.80％。

表 8-6　2021—2022 年硒研发投入及其指数（分地区）

单位：亿元，%

地区		硒研发投入及其指数		
		2021 年	2022 年	指数值
全国		3.375 7	4.101 9	121.51
省级	湖南	0.049 2	0.054 8	111.38
	江西	1.017 5	1.449 8	142.48
	广西	0.015 0	0.020 0	133.33
市级	湖北恩施	1.170 0	1.410 0	120.51
	陕西安康	0.298 0	0.240 8	80.81
	山西晋中			
	广西贵港			
	广西钦州	0.000 6	0.000 3	50.00
	江西宜春	0.728 6	0.895 2	122.88
	江西赣州	0.276 5	0.538 9	194.85
	江西吉安	0.012 4	0.015 7	126.61
县级	湖南桃源			
	安徽石台	0.158 0	0.166 0	105.06
	贵州开阳			
	福建诏安	0.101 0	0.121 0	119.80
	四川屏山	0.510 0	0.580 0	113.73
	黑龙江海伦	0.033 5	0.035 5	105.97
	黑龙江宝清	0.023 5	0.024 0	102.13
	江西莲花			
	江西玉山			
	江西芦溪			

第二节　关联指数

一、全国层面关联指数的结果与分析

本节所使用的地区生产总值由上节所述地区的生产总值构成。2021 年全国层面硒产业总产值占地区生产总值的比重为 2.36%，2022 年增至 2.68%，指数值为 113.51，硒产业在地方经济中的重要性不断提高（表 8－7）。

表 8－7　2021—2022 年中国硒产业关联指数

单位：亿元，%

<table>
<tr><th>指标</th><th>2021 年</th><th>硒产业
产值占比</th><th>2022 年</th><th>硒产业
产值占比</th><th>指数值</th></tr>
<tr><td>硒产业总产值</td><td>2 767.77</td><td rowspan="2">2.36</td><td>3 360.37</td><td rowspan="2">2.68</td><td rowspan="2">113.51</td></tr>
<tr><td>地区生产总值</td><td>117 219</td><td>125 379</td></tr>
</table>

二、分地区关联指数的对比与分析

表 8－8 展示了分地区 2021—2022 年硒产业产值占地区生产总值比重与关联指数的计算结果。从省级层面来看，两个年度，硒产业产值占地区生产总值的比重分布在 0.40%～2.40%。从指数值来看，湖南与江西的增速较高，分别为 30.45%与 27.56%。

从市级层面来看，恩施州与安康市属于第一梯队，硒产业产值占地区生产总值的比重均在 50%以上；宜春市属于第二梯队，在10%～20%区间；其他地区均未超过5%。从指数值来看，晋中市与宜春市增速较高，指数值分别为153.08%与132.23%，其他地区均在120%以下。

从县级层面来看，石台县、屏山县和海伦市属于第一梯队，硒产业产值占地区生产总值的比重均在40%以上；桃源县、开阳县、诏安县、宝清县属于第二梯队，在10%～20%；莲花县、玉山县和芦溪县均不足5%。从指数值来看，石台县增速较高，指数值为111.79%；诏安县、宝清县和莲花县的指数值在100%以下，说明硒产业在地方经济中的重要性有所下滑。

表8-8　2021—2022年硒产业产值占比与关联指数（分地区）

单位：%

地区		硒产业产值占比与关联指数		
		2021年	2022年	指数值
全国		2.31	2.62	113.47
省级	湖南	0.81	1.06	130.45
	江西	1.88	2.40	127.56
	广西	0.40	0.45	111.14
市级	湖北恩施	55.24	59.31	107.38
	陕西安康	62.03	65.36	105.37
	山西晋中	0.05	0.08	153.08
	广西贵港	2.18	2.22	101.84
	广西钦州	1.73	1.59	91.87
	江西宜春	13.30	17.59	132.23
	江西赣州	1.94	2.18	112.46
	江西吉安	1.58	1.70	107.28

（续）

地区		硒产业产值占比与关联指数		
		2021 年	2022 年	指数值
县级	湖南桃源	12.58	13.44	106.89
	安徽石台	105.46	117.89	111.79
	贵州开阳	19.06	20.42	107.12
	福建诏安	15.65	15.09	96.37
	四川屏山	43.79	45.89	104.78
	黑龙江海伦	50.28	50.83	101.10
	黑龙江宝清	13.47	13.27	98.55
	江西莲花	2.47	2.13	86.17
	江西玉山	2.30	2.47	107.39
	江西芦溪	3.54	3.82	107.75

第三节　科技创新指数

一、全国层面科技创新指数的结果与分析

全国层面 2021 年硒研发投入为 3.375 7 亿元，2022 年增长到了 4.101 9 亿元，指数值为 121.51，增速达到了 21.51%。硒研发投入占硒产业总产值比重在 0.12%左右（表 8－9）。

表 8－9　2021—2022 年中国硒产业科技创新指数

单位：亿元，%

指标	2021 年	2022 年	指数值
硒研发投入	3.375 7	4.101 9	121.51
占硒产业总产值比	0.12	0.12	100.08

二、分地区科技创新指数的对比与分析

因硒研发投入在表8－6中已进行了分析，表8－10仅展示了分地区的硒研发投入占硒产业总产值的比例。从省级层面来看，江西硒研发投入占比较高，在0.18%左右，湖南和广西均在0.01%左右。从指数值来看，广西增速较快，湖南下滑较多。

从市级层面来看，赣州市硒研发投入占比较高，2022年达到了0.545 3%；恩施州和宜春市在0.15%左右；其他地区均在0.05%以下。从指数值来看，赣州市增长较快，安康市和宜春市有所下降，钦州市严重下滑。

从县级层面来看，屏山县硒研发投入占比较高，两个年度均在1%以上；石台县与诏安县2022年分别达到了0.411 6%与0.229 1%。从指数值来看，诏安县增长较快，石台县、屏山县和宝清县有所下降。

表8－10　2021—2022年硒研发投入占硒产业总产值比（分地区）

单位：%

地区		硒研发投入占硒产业总产值比		
		2021年	2022年	指数值
全国		0.122 0	0.122 1	100.08
省级	湖南	0.013 1	0.010 6	80.81
	江西	0.182 4	0.188 1	103.15
	广西	0.015 0	0.016 9	112.85

（续）

地区		硒研发投入占硒产业总产值比		
		2021 年	2022 年	指数值
市级	湖北恩施	0.162 6	0.169 5	104.24
	陕西安康	0.039 7	0.029 0	73.11
	山西晋中			
	广西贵港			
	广西钦州	0.002 1	0.001 0	46.78
	江西宜春	0.171 6	0.146 5	85.39
	江西赣州	0.342 1	0.545 3	159.38
	江西吉安	0.031 0	0.033 6	108.38
县级	湖南桃源			
	安徽石台	0.465 5	0.411 6	88.42
	贵州开阳			
	福建诏安	0.196 5	0.229 1	116.58
	四川屏山	1.149 8	1.144 1	99.51
	黑龙江海伦	0.050 9	0.050 9	100.05
	黑龙江宝清	0.135 1	0.128 1	94.82
	江西莲花			
	江西玉山			
	江西芦溪			

第四节　品牌价值指数

一、全国层面品牌价值指数的结果与分析

全国层面 2021 年涉硒品牌价值总和约为 363.74 亿

元，2022年为414.55亿元，指数值为113.97%，增长了13.97%（表8-11）。

表8-11　2021—2022年中国硒产业品牌价值指数

单位：亿元，%

指标	2021年	2022年	指数值
品牌价值估算值	363.74	414.55	113.97

二、分地区品牌价值指数的对比与分析

表8-12展示了分地区2021—2022年品牌价值估算值及品牌价值指数的计算结果。从省级层面来看，2022年，江西涉硒品牌价值估算值达到了170.04亿元，广西为82.74亿元，湖南因统计不全，仅有0.043亿元。从指数值来看，广西增速较快，2022年涉硒品牌价值估算值相较于2021年增长18.48%。

从市级层面来看，宜春市涉硒品牌价值估算值达到了百亿以上，恩施州与钦州市在50亿以上，安康市与赣州市在30亿以上，吉安市不足亿元。从指数值来看，恩施州增速较快，2022年涉硒品牌价值估算值相较于2021年增长24.79%。

从县级层面来看，石台县与屏山县涉硒品牌价值估算值较高，在10亿以上，海伦市与宝清县不足亿元。从指数值来看，海伦市与屏山县增速较快，2022年涉硒品牌价值估算值相较于2021年分别增长39.98%与28.40%。

表 8-12　2021—2022 年品牌价值估算值及品牌价值指数（分地区）

单位：亿元，%

地区		品牌价值估算值及品牌价值指数		
		2021 年	2022 年	指数值
全国		363.74	414.55	113.97
省级	湖南	0.043	0.043	100.00
	江西	159.02	170.04	106.93
	广西	69.84	82.74	118.48
市级	湖北恩施	46.56	58.10	124.79
	陕西安康	35.16	39.60	112.63
	山西晋中			
	广西贵港	8.90	10.24	115.09
	广西钦州	49.52	54.65	110.36
	江西宜春	122.37	131.15	107.18
	江西赣州	29.88	31.42	105.15
	江西吉安	0.045 6	0.053 1	116.45
县级	湖南桃源			
	安徽石台	11.60	11.72	101.03
	贵州开阳	4.10	4.39	107.07
	福建诏安	1.176	1.388	118.03
	四川屏山	36.20	46.48	128.40
	黑龙江海伦	0.005 0	0.006 9	139.98
	黑龙江宝清	0.045 3	0.047 7	105.30
	江西莲花	1.689 6	1.550 3	91.76
	江西玉山			
	江西芦溪	5.03	5.87	116.60

第五节　价格指数

全国层面的价格指数由上述地区的各类硒产品产值/产量获得，除硒蔬菜与硒干鲜果外，其他硒产品的指数值均在 100 以上，说明硒产品的价格得到了不同程度的增长。所有产品的平均价格指数值为 103.49，说明 2022 年硒产品的价格相较于 2021 年增长了 3.49%（表 8-13）。

表 8-13　2021—2022 年中国硒产业价格指数

单位：元/斤①，%

指标	2021 年	2022 年	指数值
硒粮食	3.00	3.25	108.20
硒油料	6.48	6.66	102.87
硒蔬菜	1.67	1.60	96.00
硒食用菌	6.00	6.32	105.27
硒茶叶	30.26	33.94	112.15
硒干鲜果	2.96	2.89	97.58
硒药材	3.25	3.32	102.24
硒烟叶	1.56	2.41	154.15
硒畜牧	8.12	8.40	103.48
硒水产品	5.35	5.39	100.82
平均	3.32	3.43	103.49

① 斤为非法定计量单位，1 斤=500 克。

后　　记

《中国硒产业发展指数（SeI）研究报告（2022）》是在恩施州人民政府的精心指导谋划下，由国家富硒农产品加工技术研发专业中心专家完成的第二个中国硒产业发展指数研究报告。在收集各地统计数据的过程中，得到了中国农业技术推广协会富硒农产品专委会和各富硒产业地区政府、企业、协会的大力支持，在此一并表示衷心感谢！

我们欣喜地看到，在习近平总书记有关硒产业发展的多次重要指示的鼓舞下，无论是传统的富硒地区还是新发现的富硒地区，硒产业的发展速度都高于当地地区生产总值的发展速度，硒资源转化为硒产业正在成为越来越多地区的发展现实。而各地硒产业的发展，基本上都是遵循“硒＋X”的理念，在硒农业、硒工业、硒服务业的全产业链上发力，硒产业的内部结构趋向优化，在乡村振兴、农业产业化、健康中国等国家战略中发挥着越来越大的作用。我们更期待，中国硒产业发展指数的定期编制发布，能够为硒产业的高质量发展提供新的活力。

编制全国指数的工作还处于刚起步的阶段。尽管恩施州在“十三五”出台了硒产业的统计制度，湖北省统计局备案，全国许多地方选择参照执行。但目前一些地区的硒产业统计指标仍然缺项较多，统计口径也没有统一，给全国指数的综合比较带来较大困难。中国硒产业发展指数的编制过程也是各地硒产业的统计体系不断趋于完善的过程。据悉，安康市已经启动了对硒产业统计指标的专项研究，江西省的富硒功能农业的统计制度也正在出台的过程中。通过这些努力，中国硒产业发展指数一定会更好地服务于硒产业的高质量发展。

我们迫切希望在今后的指数编制与发布工作中，与各硒产业地区的同志们加强合作与交流，不断改进工作，完善硒产业的统计体系和指数编制，共同创造硒产业的美好明天。

国家富硒农产品加工技术研发专业中心

硒产业发展战略与市场开发团队

2023年8月23日